紹興大典

史部

光緒上虞縣志

3

中華書局

上虞縣志卷十三

列傳

人物

經緯　杜儀　胡心庠　田士昀　連仲愚

劉煇　王琖

國朝三

經緯字慶桂號芳洲幼孤寒由賈起家勇於爲善董理上海輔元同仁育嬰諸善堂事咸豐癸丑紅巾之亂各堂董星散緯不忍乳婦諸嬰之陷誓與堂存亡竭力措米薪濟

之坐危城十有八月賊呼爲經善人不加害城復大吏委辦善後事悉心籌畫纖悉鉤稽時各堂經費支絀會婁金兩縣賊擾地荒緯籌欵購田五千畝建倉收租爲三堂備虞久遠計滬人重賴之同治改元常屬人相食緯募糧散給聞衢嚴饑復運米數千斛解赴大營左帥善之是年官兵克復甯紹緯購米由甬達餘上接濟兩邑全活難民無數嘗建立宗祠創義塾以敎族之子弟置義田以邮族之鰥寡他如籌設歸安局與修獅山橋善舉不可殫述甲子左帥創辦海甯塘工委段廉訪光清之滬上力請緯籌捐

承辦緯偕趙立誠築土備塘五千四百餘丈不一年工竣時緯年已六十有二奔走塘堤不辭艱險遂以積勞病故浙撫上其事　卹贈知府銜廕一子入監讀書光緒六年奏請祔祀海甯馬端敏祠據上海縣志朱蘭撰傳題請祔祀冊同時杜儀號藹亭幼隨父寓江南常州咸豐三年粵匪陷金陵難民蔽江下日以萬計儀稟請大府集款留養常城壞首捐巨貲倡修同治初旋里會英商往來長壩恃強開放河水七鄉農田受害甚巨儀力請當道禁止又改築新堰石壩創設巡防公所與經緯皆以義行稱者據采訪冊

胡心庠字蔚之高郵州知州棠之孫幼沈毅讀書通大略兼習武事有勇力中咸豐辛亥順天副車壬子粤寇陷武昌時曾文正方起師湘中收攬人才心庠馳赴長沙或以白文正文正一見奇之委辦文案尋辦水師營務處以功保舉知縣分發江西辦理支應轉運各局署星子縣事時賊尚踞湖口星子甫克復荆蒿没人戶口逃亡心庠招徠撫卹瘡痍漸復文廟祠宇官廨以次建復并葺白鹿書院建考棚嚴查保甲昭雪無辜不踰年百廢具舉庚申調龍泉心庠練團儲糧完城斬諜誓以死守賊三至三以有備

去城獲全辛酉調署廬陵以豫撫與文正不合劾曾門下士四人心庠與焉罷職僑寓章門豫撫尋知心庠才委辦吳城釐局以轉餉功文正與彭剛直奏復原官以直隸州留江西補用同治丁卯督餉入京行次山東病歿心庠慮事幹練文正嘗致書曰惟公生明惟勤生明惟慎生明心庠尤拳拳服膺云據采訪冊

田士畇原名俊千字詩舟性敏絕髫年即解韻學長工詞章兼通天文輿地家言登道光甲辰鄉薦入貲由內閣中書轉戶部郎中嘗慨計偕入都者無棲息所與袁筍陔侍

郎籌建上虞會館於京邸韓家潭平生見義勇爲道光季年水災士畇散穀賑飢兼勸族之殷厚者繼之活人無算據采訪冊

連仲愚字樂川邑諸生祖彭年任忠州知州仲愚讀書多智善幹事不避勞怨道光季年水決江塘張令致高借庫銀三千兩委仲愚築復仲愚鋭身任事自此經理江海塘工二十餘年水不爲患又以五鄉塘糧困民稟請免徵暮年家益起爲善尤力捐置敬睦堂義田管塘會田及義渡義塚等田以千五百畝入　告同治十年擬建捍海樓於

孫家渡皆有功桑梓者年七十卒著有塘工紀略四卷論史拾遺一卷敬睦堂條規一卷據采訪冊

劉煇字實甫號新齋性剛方道光丙午舉於鄉庚戌北上父病劇留侍湯藥不赴咸豐壬子後粵匪竄擾東南遂絕意進取辛酉冬賊陷上虞從賊者以煇名白賊迫受僞命煇奉母徙會稽道墟避焉賊平主講經正書院三載精心校士平生尤留意水利嘗董築西小壩竹湖潭稟請禁止開掘保全四十里河農田無立涸虞己巳冬李中丞過虞歲旱十八里河舟楫不通邑令王復欲開竹湖潭洩四十

里河水以通下河煇念既禁復開盜決胡底上河農田從此皆槁力阻之不能得欲以身殉王乃止爲改開新通明壩晚年習靜終歲樓居足不入城市卒年六十有四同里庠貢生錢寶常貢生俞晉遇鄉邑義舉與煇相助爲理皆急公不敢後據采訪冊

王瓅字夏樽號秬生歲貢生濬子年十六補學官弟子旋食餼歲科試輒冠諸生督學吳侍郎鍾駿甚契重之家貧教授里門所成就甚衆咸豐辛酉粵匪陷虞城瓅奉母避居鄉僻母卒雖亂離喪葬盡禮同治改元瓅里居杜門讀

書秋間官兵克復餘姚潰賊竄虞西過其里闖入殘厲聲叱之斫以刃直立不移目眦欲裂賊驚去己巳徵舉孝廉方正以年老辭　給予六品頂戴光緒辛巳重游泮宮生平崇尚理學初宗陽明晚乃究心程朱遺書律身嚴謹終日危坐一室雖盛暑必正襟無倦容年八十二卒著有戔園詩稿據采訪冊

案嘉慶志　國朝人物有趙殿最趙昱趙一清李瀛夏攀龍趙士英萬邦懷鄭謨陳燧賈敬存徐楠王國器徐魯得陳以莊諸傳今攷趙氏入仁和籍至殿最已三世昱則五世一清則六世矣李瀛入山陰籍亦非一世如此竟無斷限未免太濫故皆從刪至夏趙萬鄭陳賈徐七人說已詳上此不復贅王國器徐魯得俱刪歸方伎

陳以莊雖預修邑志文章事蹟無甚焯著亦可不傳若趙相國國麟自其父始僑籍山東以之入志本非攀附然其傳已登之國史載之名人文集邑志不爲撰傳可也惟張勤果公雖已移籍大興而眷眷桑梓篤念不衰理宜立傳惜行狀事實遠莫能徵志事就緒勢難久稽草草纂述恐不足盡公一生事業鴻文巨製宜俟來者又徐星伯先生爲百雲學使兄弟之子實爲虞產亦宜補傳乃詢其後人久已衰落誌銘傳狀概脫無徵徐之族人但稱先生曾手鈔書四大幮其他軼事懿行都無紀者今亦無從著錄通俟後之君子補焉

補遺

宋

黃哲字不愚黃氏譜　父發仕高宗時爲武經大夫隸統制楊沂中軍高橋之役馬蹶被殺哲拾其遺骸葬於蘭芎山麓

廬墓三年文禽日集虎不夜驚見杭世駿黃應乾傳

葛季昂字云英少卽能詩及長宦遊名山大川詩益工端平時徵博學宏詞應詔就試賦稱第一授著作郎寶祐丙辰與父曦同登進士越十餘年曦判紹興元將張宏範統兵驟至督帥命曦往討爲矢石所害卒於陣季昂扶柩歸虞時元運將昌季昂愀然曰吾不能事二主遂退居湖山之瑞象寺與趙必成講易詠詩鍵戶著述以終葛氏譜

上虞縣志卷十三　列傳九

上虞縣志　卷十三　六

上虞縣志卷十四

列傳

后妃

梁

阮修容諱令嬴梁書本姓石揚州會稽上虞人王父元恭宋昇明中仕至武騎常侍考靈寶永明中爲奉朝請修容以昇明元年丁巳六月十一日生生而紫胞朝請以爲靈異年數歲能誦三都賦五經指歸過目便解同生弟妹各二人爲家之長朝請永明之朝密勿王事多在禁省不得休

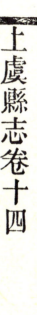

外處分家計專以仰委號爲女王𢫬循弟妹閨門輯睦隆昌元年齊世祖因荀昭華薦以入宮及建武之時金樓子始安王遙光納焉遙光敗入東昏宮南史梁書同建康城平爲武帝采女在孕夢龍罩其牀天監六年八月生元帝於後宮是日大赦尋拜爲修容賜姓阮氏南史先是丁朝請之憂毀瘠過禮見者不復能識母陳氏繼而艱故攀號慟絕殊不勝哀乃刻木爲二親之象朝夕虔祀每歲時伏臘必隨淚下後隨元帝歸會稽原作隨繹歸會稽或謂衣錦歸鄉古今罕例詢求故實贍䘏鄉黨扶老攜幼並沐恩猷修容勤營功德

恆事賑施又躬自禮千佛無隔冬夏京師起梁安寺上虞起等福寺即等慈寺在荊州起禪林祇洹等寺潯陽治靈邱嚴慶等寺大同九年南史梁書並作六年非癸亥六月二日庚申薨於江州春秋六十七金樓子其年十一月歸葬江甯縣通望山謚曰宣元帝即位有司奏追崇爲文宣太后還祔小廟承聖二年追贈太后父齊故奉朝請石靈寶散騎常侍左衛將軍封武康縣侯母陳氏武康侯夫人南史○案南史梁書並作餘姚人金樓子作上虞人子述母事宜無不確且虞地建等福寺即今之等慈寺不於餘而於虞尤爲虞人之確證又南史梁書並云大同六年薨不著生年金樓子則生於昇明元年丁巳薨於大同九年癸亥紀叙分明以是知金樓子爾可

依據

宋

楊皇后少以姿容選入宮忘其姓氏或云會稽人慶元元年三月封平樂郡夫人三年四月進封婕妤有楊次山者亦會稽人后自謂其兄也遂姓楊氏案正統志后父名漸明德觀卽后故居也五年進婉儀六年進貴妃恭淑皇后崩中宮未有所屬貴妃與曹美人俱有寵韓侂胄見妃任權術而曹美人性柔順勸帝立曹而貴妃頗涉書史知古今性復機警帝竟立之嘉定十四年帝以國嗣未定養宗室子貴和立爲皇子

賜名竑史彌遠爲丞相信任於后遂專國政竑漸不能平
彌遠懼陰蓄異志欲立他宗室子昀爲皇子十七年閏八
月丁酉帝大漸彌遠夜召昀入宮后尚未知也彌遠遣后
兄子谷及石以廢立事白后后不可曰皇子先帝所立豈
敢擅變是夜凡七往反后終不聽谷等乃拜泣曰內外軍
民皆已歸心苟不立之禍變必生則楊氏無噍類矣后默
然良久曰其人安在彌遠等召昀入后拊其背曰汝今爲
吾子矣遂廢竑爲濟王立昀爲皇子卽帝位尊皇后曰皇
太后同聽政寶慶二年十一月戊寅加尊號壽明紹定元

年正月丙子復加慈睿四年正月后壽七十帝率百官朝慈明殿加尊號壽明仁德慈睿皇太后十二月辛巳后不豫詔禱祠天地宗廟社稷宫觀赦天下十二月壬午崩於慈明殿壽七十有一謚恭聖仁烈宋史

列女

漢

孝女曹娥者上虞曹盱之女也其先與周同祖盱能撫節按歌婆娑樂神漢安二年五月五日迎伍君後漢書作迎婆娑神困學紀聞曰迎婆娑神誤也逆濤而上爲水所淹不得其屍曹娥碑娥年十

四沿江號哭晝夜不絕聲旬有七日（後漢書）解衣投水（廣輿記作投瓜於江）祝曰若值父屍衣當沈若不值衣當浮裁落便沈（廣輿起作旬有七日瓜沈）遂於沈處赴水而死（水經注）經五日（人鏡陽秋作三日）抱父屍出（曹娥碑）國人哀其孝義爲歌河女之章（晉書夏統傳）至元嘉元年縣長度尙改葬娥於江南道旁（後漢書）尙先使魏朗作曹娥碑文成未出尙弟子（水經注太平寰宇記並作外甥）邯鄲子禮甫弱冠有異才因試使爲之操筆而成（碑文載文徵）朗嗟歎遂毀其草後蔡邕又題八字曰黃絹幼婦外孫虀臼（會稽典錄○案曹娥廟舊誌載娥八歲母患病篤願以身代遂於伍相神前封股和藥而進母病乃瘳等語事無所據且娥孝不藉此以

傳今不錄又俗傳娥父禱於鳳鳴山而娥生尤傳會不足信

孟淑中郎將質之女年十七當嫁適聘禮旣至爲盜所劫淑祖父操刃對戰不敵見害淑以致盜由己乃喟然歎曰微淑禍不生以身害祖父雖活何顏遂自經而死於越新編

上虞有寡婦至孝養姑姑年老壽終夫女弟先懷嫌忌乃誣婦厭苦供養加鴆其母列訟縣庭郡不加尋察遂結竟其罪孟嘗時爲郡吏先知枉狀備言之於太守太守不爲理嘗哀泣外門因謝病去婦竟寃死自是郡中連旱二年禱請無所獲後太守殷丹到官訪問其故嘗詣府具陳寡

婦冤誣之事因曰昔東海孝婦感天致旱于公一言甘澤時降宜戮訟者以謝冤魂庶幽枉獲申時雨可期丹從之即刑訟女而祭婦墓天應澍雨穀稼以登。後漢書孟嘗傳。案後漢書所載止此別無姓氏可攷正統志作包全女萬歷志稱所居曰孝聞嶺皆傳會不足據嘉慶志竟作包娥誤矣

晉

謝道韞王凝之妻安西將軍奕之女也聰識有才辯叔父安嘗問毛詩何句最佳道韞稱吉甫作頌穆如清風安謂有雅人深致又嘗內集俄而雪驟下安曰何所似也安兄子朗曰散鹽空中差可擬道韞曰未若柳絮因風起安大

悅又嘗譏元學植不進曰爲塵務經心爲天分有限耶及遭孫恩之難舉厝自若既聞夫及諸子已爲賊所害方命婢肩輿抽刃出門亂兵稍至手殺數人乃被虜其外孫劉濤時年數歲賊又欲害之道韞曰事在王門何關他族必其如此寧先見殺恩雖毒虐爲之改容乃不害濤自爾嫠居會稽家中莫不嚴肅初同郡張元妹亦有才質適於顧氏元每稱之以敵道韞有濟尼者游於二家或問之濟尼答曰王夫人神情散朗故有林下風度顧家婦清心玉暎自是閨房之秀道韞所著詩賦誄頌並傳於此晉書

宋

朱娥上虞朱回女也母早亾朱孝娥祠記作幼失怙恃養於祖媪宋史治平三年二月朱孝娥祠記里中朱顏與媪競持刀欲殺媪一家驚潰娥年十歲獨號呼突前擁蔽其媪手挽顏衣以身下墜顏刀曰甯殺我無殺媪也媪以娥故得脫宋史娥懼追及挽顏衣不釋顏不勝其忿遂起手刃娥數十卒斷其吭氣垂絕假息猶恐及祖母也獄具祖母猶坐詬詈郡從事虞公大甯進議曰論法誠直顧無以慰沒者之志太守章傒岻從而釋之仍以其事上聞後三月有詔諭安其家賜粟

六束米三斛鄉人義之爲設祠春秋祭也朱孝娥祠記其後會稽令董楷爲娥立像於曹娥廟時配享焉宋史

楊妹子宋甯宗恭聖皇后妹姜紹書韻石齋筆談恭聖善文翰有宮詞傳世妹子詩尤工嘉慶志又善畫嘗寫趙清獻公琴鶴圖不特琴聲入耳而鶴舞之態得傳圖繪寶鑑其書類甯宗凡御府馬遠畫多命題詠曾題馬遠松院鳴琴小幅云閒中一弄七絃琴此曲少知音多因淡然無味不比鄭聲淫松院靜竹樓深夜沈沈清風拂軫明月當軒誰會幽心調寄訴衷情波撇秀頡妍媚之態映帶縹緗韻石齋筆談

潘氏王術妻術有至性父未食不敢食年二十餘母疾過
浙延醫溺於水潘少艾其父勸之更適荅曰女無二夫古
義也且指其所遺二子曰我去置此何地守節撫孤終身
不歸父家浙宣撫使張公旌異之沈奎補稿

元

馮夫人魏道全妻名淑貞餘姚馮伯玉季女賦姿柔愨旣
歸孝尊章友娣姒敬夫如見大賓臨諸子如嚴師雖生長
富貴家不樂紛華靡麗之飾年踰五十猶服勤絲枲不衰
馭僕人媵女亦各有法恩義竝至退無後言者閭里貧窶

之人苟有稱貸多不責其償月旦之評謂夫人嚴而能恭儉而能惠信不誣矣宋濂馮夫人墓誌銘

柳氏二節柳宗遠妻唐氏及其子桂妻陳氏也唐同邑子華女年二十三歸宗遠事姑孝越二年生子桂而宗遠卒唐誓無他志或以語試之唐恚曰吾喪夫命也婦一醮義也命乃天賦義出自心能昧吾心而負義乎益苦心瘁力以養姑命桂從學於鄉塾姑年八十餘乃終桂長娶陳氏逾年而桂亦卒陳年二十四或閔其無子勸之更適陳哭曰此豈人所言吾姑不負吾舅吾敢負吾夫乎與姑相依

以居姑食後食姑寢後寢家內外事必告而後行孝愛如母子歲時具肴酒祭柳氏亾人二婦煢然拜階下輒涕泣不能相視人稱爲雙節事聞詔旌其門曰雙節坊據明宋濂撰傳

俞氏顧圭妻方國珍侵上虞圭團結鄉兵與之抗不敵遂遇害俞盛年而寡事姑孝教子皆有成孀居三十年能使家貲裕於夫在時內外無間言據明徐一夔顧生墓誌。案通志府志顧圭作顧生圭自有傳

明

陳女貢生志竣女天性篤孝及笄值母葉病劇醫藥弗效

乃夜於閤室翦股肉以進誡侍婢勿言無何女旋病而母竟死志竣見女肱曲不伸廉其故婢乃言之已而女哀號哭泣枯槁以死竣將白之當道乞旌未幾亦暴疾死遂無有表之者萬歷志

薛氏父早世母韓嫠而構疾女年才十二侍藥甚謹暮則齋戒禮斗百拜而起者年餘韓憐而譙訶之不可止年十九歸徐希明鄒元標薛宜人墓誌銘

賈貞女名妙蓮父辛自洛陽南遷卜居虞之半山生蓮及笄未嫁而男亡父母爲擇配蓮痛哭不止遂引簪剔目自

矢堅節侍親膝下耑工女紅終身焚修晚年以所積女工置父祀產卒葬父之墓左康熙志○案賈氏譜妙蓮父名管行辛三元邑庠生與此不合

嫠女謝明湖家婢明湖娶陳氏生三子與陳偕卒三子幼家又貧嫠女感主德誓不適人紡績撫養備極艱辛得使三子皆有所成立且爲明湖置祀田二畝惜不詳其姓氏謝海山榛錄

俞氏陳尚禮妻禮性孝家貧教學在外氏日勤紡績代夫定省減食奉姑值姑病危氏焚香禱以身代割股和羹進之姑病獲痊康熙志

徐氏三孝婦陶氏陶奭齡女徐廷玠妻事舅姑至孝陶媳張氏張元忭女陶病張目不交睫日夕侍左右刲股以進陶病遂愈張媳張氏亦以孝聞會稽縣志

申屠氏光祿寺典簿臚錄事賈章妻正統己巳胡騎薄京城旦夕慮不可守章曰我內府官也萬一京城不測我當從駕奈爾輩何可挈諸子歸鄉里氏曰聞于少保石總兵守禦有方城中雖急而薪米反賤當不日可平殄茍舍此而去險阻禍福未可知也已事平聞南歸者途中多被劫掠章乃歎曰不期婦人之見能如此賈氏譜

孫夫人御史陳紹妻少有女德紹欲劾奸相嚴嵩以語孫孫贊助甚力紹遂具疏上之已出守韶州卒於官孫扶櫬歸煢煢孑立履不踰閾親黨之卑者惟帷外肅揖未嘗見其面如是者四十餘年嘉慶志

姚淑人克俊女年十六歸餘姚黃尊素及尊素入爲御史楊左魏李諸公朝夕過訪語及陰謀輒喟然歎息資退淑人進曰公等不能先事綢繆歎息奚益耶後尊素被逮淑人每夜分祈北辰下願以身代逆奄就誅賜章服三品敎其子宗羲爲復社領袖南國諸生顧杲等公訐奄黨阮大

鉞宗羲名第三大鉞後柄用中旨逮治淑人欣然曰豈意章妻滂母萃吾一身山陰劉宗周常熟瞿式耜皆目之曰女師明詩綜

褚宜人員外郎徐爾一妻也通文翰尤明大義時島帥毛文龍握重兵蜚語有異志廷議惑之爾一請以三子一孫保其不異以疏示宜人宜人曰君既爲國憐才妾敢愛子若孫誤國大事乎遂闔門待命嘉慶志

王夫人倪文貞之配也文貞在史局時多感慨狂態時興指畫所形動觸戚貴方草未發親朋知之者色動舌出撓

禁千端夫人初未知已聞羣譁顧謂文貞曰請得一涉指歸示之草乃拍手大笑曰君語平平諸君何事須懼卽如此遂爾驚天動地豈爾輩男子眞僵蠅腐草耶文貞決策遂上其後雖由此得禍乃更相忻一時聞者並賢夫人倪文貞集

俞夫人侍郎徐人龍配也淑而才崇禎十七年國變人龍破産勤王夫人罄簪珥佐軍餉補縫行間徐氏譜

鄭慧瑩字明湛餘姚鄭咸一女倪文貞次子會覃婦也其答子封字會覃詩云青鸞有信孰傳愁目斷天涯倚斷樓東

溪渡口帆千片知道君歸那一舟露含無語催霜白風慘餘聲代月愁池上海棠初發蕊誰憐瘦影爲傷秋西湖覽勝詩選

鍾氏欽禮女孫景雲妻幼讀書通文義相夫登進士授玉山令夫婦敬禮如賓年二十二景雲卒於官無嗣一日告其姑曰媳無子奉姑舅幸有諸叔在媳將以身殉夫姑止之以無覓死狀不設備薄晚悉翦夫之衣以爲旐夜半密設椅桌於靈座左沐浴更衣懸白綾縊座上厥明姑覺驚抱其屍於左袖中得銀一錠題曰買棺右袖中有景雲小像當道聞於朝詔旌其門毘陵邵寶爲按察使作記樹碑

於通衢而景雲亦祀名宦云萬歷志○伍餘福苹野纂聞鍾氏者浙之上虞人也年甫笄而歸同邑孫景雲景雲以進士令玉山病革且死鍾氏環室而號之幾絕復甦曰吾終以身殉可也絕粒者數日其姑慰之不能釋家人卜以九月二十日發喪鍾氏知之黠檢殉葬儀衞自靈座外更設一座以自待忽語其姑曰若無伯叔則當奉舅姑今伯叔俱在妾無慮矣語畢而其姑在醉中懵如也翌旦叩之則就縊矣年止二十有五衆皆流涕部使者爲之奏聞得建祠以致祭焉

蔡氏葛璋妻年十七兩浙名賢錄作十九歸璋明年璋卒哀哭殞地絕而復蘇乃蓬首垢面不欲生未三月里中兒屠某謀娶之其姊爲氏妯娌假他事給與姊會屠從旁竊視之氏覺泣曰生何顏於人世殁何以見亾人耶奉舅姑夜膳畢沐

浴整髻服衰而縊萬曆志
俞氏盧憲章妻年二十一生子女各一而憲章卒誓無他志勤紡績以撫遺孤後孤亦卒有富室欲娶之氏聞即縊家人廉知獲免厥後鄉官陳庠結氏親黨誘以富貴脅以威力氏度不免乃給入室更衣縊而死時縣令林球教諭李長源躬致弔祭鄰有金婦孀居亦聞而自縊皆旌表萬曆志
陳氏徐萬選妻幼習書能詩年二十適萬選選力學病羸且革氏泣語曰君讀書致斃妾不能防君將從君地下藐

孤有尊人在無慮也選墮淚不能語作搖手狀未幾死家人環哭忽不見氏亟呼之已扃門縊矣救之移日始甦自是絕飲食父母來肩輿舁氏歸奄奄不起一日遣人抱遺孤復姑且口占詩送之曰今日兒生離明朝孃死別兒去不知孃孃死向父說遂瞑一紙置拇指間云殉夫萬選妻陳氏將殮取手中紙堅不可拔卒年二十六萬歷志

薛氏徐國泰妻國泰爲保安守備崇禎甲戌 大兵登城國泰率民巷戰力不支歸告氏氏曰今日之事已裁決第未擇死所耳國泰曰胥井可曰諾國泰立視之則盡紉其

衣裙及韈赴井死同時死者國泰妾王與弟履泰妻趙妾李外母劉暨女三婢三嘉慶志

黎氏宋大賓妻年二十賓患病浹歲氏揮淚延醫知夫必死卽治二棺殮衣冥旌二人皆異之賓歿置二棺於寢殮其夫訖衣所殮衣投繯棺側鄰人驚救繩結甚固不可解周令銓表其門曰有烈士風墓在皂李湖東康熙志

張氏鄭振生妻居南鄉漁灣江沿崇禎十六年草賊蜂起氏年二十以少艾被掠將挾之渡江氏矢志不失節甫登舟計清流無底正得死所因紿賊寛縛賊信之略可轉動

卽急赴中流賊倉卒無所爲計遂策馬西去數日後家人稍稍集於淺水中得氏屍面如生 沈奎補稿

徐娥葛之泰聘妻泰病夭娥年十四聞之遂縞衣茹素杜足深閨室人無得啟其言笑每逢宴饗父母强之出堅卻不與守閨二一年病劇骨立而死年纔十六耳父三陽哀其志合葬于之泰之墓陳恭介公爲立傳 萬歷志

何氏丁詩聘妻未合巹詩亡何年十六縞素臨喪守志不移繼姪耀先爲嗣孫時舉人仕知州 康熙志

袁氏陳士顯聘妻性貞淑父坦一奇愛之年十五字士顯

越二載士顯卒訃聞氏哀懇父母欲臨喪父母毅不可兄原一素愛妹爲竭情代請乃許焉入門見舅姑畢即解髮束蔴相與治後事若家人然既殮父母趣之歸泣曰此吾家也將安歸舅姑慮其不卒多方誡之氏嚙指以誓苦心瘁力孝養舅姑母病劇刲股以療夫服未闋父母與舅喪相接至陳八載齊衰無一日離身年二十四嘔血而卒據陳應霖撰傳○案康熙志士顯作範十五今書名

俞氏潘景鏞妻名素英洪武末鏞戍潯州衛伉儷纏浹旬當從行俞曰姑垂白吾冢婦可從夫而不事高堂乎鏞行

俞井曰操作骨立越七年鏞得以間歸復往臨行俞謂曰吾娠矣後得子滜又二年鏞卒聞訃不欲生紡績課子每至夜分雖裂膚折指必雞鳴而寐年四十九卒萬歷志

章氏俞宗琳妻年二十而宗琳卒遺腹子盛父母以其年少子幼令改適章泣曰女亦人也奈何欲使我爲狗彘遂不事容飾清苦自守事舅姑愈謹教子成人正統間旌表萬歷志○案俞氏譜宗琳名瑋子盛字以安娶劉氏孝敬三割股救姑夫病祈以身代有瑞筍之祥亦孝婦也

陳氏庠生劉禧妻御史陳羆女也景泰四年禧赴試於杭遘疾卒時陳年少欲身殉其姑時爲防衛乃得免遂斷指

以誓奉姑育子備極孝慈及姑歿葬祭務盡禮連遭歲歉至以糠粃作餅精者與子粗者自咽後子若孫俱補弟子員陳嘆曰吾夫雖死猶生吾志慰矣欣然瞑目而逝年八十五萬歷志○案劉氏譜禧字景福又張文淵爲劉朴撰東郊別墅引景福朴之祖父年十六食廩嘉慶志表又載陳氏廩生劉景福妻重出今刪

陳氏張廷揚妻年二十二而廷揚死一子尚在懷抱且貧乏之不能自存或勸其再適以死自誓苦節五十餘年正德間旌表萬歷志

陳氏趙昕六妻年二十六而昕六死二子方幼陳教督甚

嚴不以孤子貸長子名胥任湖廣布政使經歷陞常州知府有惠政補稿

祝氏葉廉妻生二子曰璋曰珊廉卒遺腹子曰珵時年二十二誓不再適姑病革稽顙北辰求以身代正德間旌表萬歷志

盧氏二節陳氏盧用濟妻性柔婉通書史歸盧事姑得歡心未幾用濟歿陳年十九哭葬循禮繼夫兄子伯甯爲嗣撫育備至娶樊氏年十四沈靜人不聞其笑語甫五年伯甯隨生父應薦赴京客死家業伶仃姑媳相誓同守樊年

五十八先姑卒明年陳亦卒年七十七令吉惠遵恩詔表其門萬曆志

史氏陳大純妻年二十三純亾無子誓不再適將夫詩扇網巾時佩於身後姑百計勒嫁詈無忤言惟蓬首跣足屢於密地自經妯娌相救得不死及疾革囑平生所佩詩扇網巾殮於棺曰以此藉手與夫相見示無悖也言畢而逝時年六十有八事聞表其門曰完節萬曆志

曹氏嚴鵠妻年十八歸鵠甫期鵠死舉子纔六日撫屍誓志時家產未析諸伯叔潛圖之氏計消其謀一日具飲食

召會宗戚佐孤作謁諸老壽狀氏卽舉聲號曰夫死有欲嫁我者念與夫訣時誓撫其子必提殺此兒始絕望可長往耳衆失色驚抱罷酒妄念遂息而孤始獲成立據羅康撰傳

陳氏三節龔氏陳榛妻年二十夫亾撫子國華長娶沈氏國華亦亾沈年二十一遺孤文奎姑媳同守艱苦萬狀文奎長娶馮氏未久文奎又亾三世孤燈僅延一息龔沈俱以壽終馮年踰五十事聞詔以三節旌其門萬歷志○案一統志府志作陳臻

成氏二節唐氏成孟吉妻年二十一孟吉卒遺孤甫五月

唐哀毀骨立室如懸磬僅一老姑相倚爲命父母憐其家貧年少諷使更適唐斷髮跣足若廢人然至欲自縊以決志由是無敢言者養姑育子歷冰霜五十載至七十餘終令楊紹芳爲申其事於當道後四世孫蕙妻葉氏亦以青年孀居苦守課子年二十七髮盡白邑令異之特旌其門人以爲唐氏所貽世節云萬歷志

丁氏徐廷仁妻年二十一廷仁遘疾卒丁日夜抱持其孤泣不休夫弟某欲奪其志丁號慟嚙斷二指言者亦感悔嫠居五十餘載後孫震官大理寺評事援例乞恩得旌表

萬歷志

曹氏二節呂氏曹顯妻年二十餘顯卒遺腹生子琪苦志撫育長娶屠氏未幾琪亦亡遺孫二長信四歲次佐歲餘門祚伶仃姑婦形影相弔矢志同守姑年九十終婦年八十八終後信子曰軒曰輻相繼登進士軒爲御史輻爲參議佐子輊有聲庠序人謂雙節之報巡按浙江監察御史歐陽雲爲賦雙節詩萬歷志

朱氏車廷珏妻廷珏名珊婚未半載而死朱已娠產而得男大慟曰此未亡人所賴以報地下者不克存孤有如日

勤劬撫育至於長娶婦且有孫矣未嘗踰閫與宗黨言一日執爨有樵童坐其側怒而起曰若欺吾老寡婦而猥以身相並耶涕泣不食子婦爲跪請乃已其剛潔出自天性如此萬歷志○案嘉慶志表車作章誤

包氏車晫妻早寡家甚窘遺孤美一在襁褓中包矢志堅卓撫之成立娶邵氏未幾子婦俱亡遺孤孫傳一包年又邁辛苦教育支持門戶寘一生當兩世而苦節存孤者據採訪冊

唐氏二節許氏唐亮妻亮試浙闈不遇遊學廣德卒於館

舍許年二十四遺孤偉猶在襁褓守之成立爲娶錢氏偉亦早世錢年方十九事姑備孝養兄弟憐其家貧年少且無嗣諷使改適錢取厠水且詈且潑自是人莫敢言許亦慮其不終謂曰我命自苦何復苦汝錢對曰苦則同苦乃剪髮自誓後許以過哀傷明錢扶持盆力姑婦相依如母子者四十餘年皆以壽終郡守湯紹恩表其門曰雙節同心萬歷志

王氏羅明二妻明二以行役卒於外王年十九家窘甚俯仰無措矢志苦守晝夜紡績以養姑鞠子伯父某欲奪其

志王剪髪誓死不二年至八十二終郡守湯紹恩申題旌表且爲文以祭萬歷志○案明二行役府志指爲正統間嘉慶志改作洪武不知何據其以明二爲二明者並誤

金氏徐彥能妻彥能儀狀雄偉有膂力婚甫二載郎遊外隨兵征苗後病殁江南金以死自誓晨夕悲號不事鉛華繼伯子高七叔子高三爲嗣二子成立尋父骸骨歸葬郡守湯紹恩表其閭康熙志

孫氏徐彥明妻彥明卒孫年二十七家故貧姑又病瘻諸孤待哺無以自給孫矢志不二惟紡績以備食俯仰賴之

事姑十有二年始卒撫其子迄於有成年七十三終通判
雷鳴陽攝邑事爲題其廬萬歷志○康熙志曾孫學詩以直諫聞
宋氏庠生姚守約妻年十六歸姚甫二載約病卒遺一子
纔八月適姑病阽危籲天願以身代寄其孤於姒姑病旋
愈其母憐其少且貧强之更適宋毀容自矢孀居六十餘
年而卒萬歷志
劉氏太學生葛棐妻棐大理卿浩仲子也早卒劉年二十
四無子自以處富貴非淡泊無以稱節乃謝鉛華治一靜
室日持齋素以爲生繼姪燦爲後燦復早亾遺孤甫三歲

撫之成立年八十三終旌表萬歷志

馮氏朱棣妻棣早喪馮盛年而寡復遭內訌家產蕩然堅志苦守初終不易宗黨賢之據採訪冊○朱袞嘉獎馮節婦事狀略云族兄棣遺室馮氏既喪所天復罹家孽產屬之官而死不畏父勒之嫁而誓不移茹茹苦育孤貞操可敬即其初節允宜嘉獎若能至老如一聲實相孚公可旌門私可垂譜榮寵可勝既耶羊一隻絹一端用揚厥休文榜諸壁以勵有終且俾鄉黨咸聞焉

何氏顧院妻婚甫一載院卒何年十九遺子一家甚窘舅姑謀奪其志何嚼指自誓曰此身已與夫同生死所不死者有孤在吾惟撫此孤以報夫於地下耳居無何其子雙

瞽未嘗稍露怨悔晝夜紡績餬口令瞽子賃舂以佐之子
母相倚怡然自得年九十五終萬歷志
潘氏范近南妻近南名枋鄉髫年以易入邑庠試輒高等
中丞車百山曰此乃祖侍御公正脈也然竟以篤學成疾
氏刲股以進不療卒無子以姪景周爲後補稿
薛氏竺方十二妻十二祖鏡父本俱早世祖母張氏母姚
氏俱孀居六十餘年十二稍長喜逸遊不事家人生理薛
歸時先業一空未幾十二嬰惡疾卒姑姚諭薛曰吾兩世
撫遺孤藉有先人敝廬獲終所志今爾無六尺之孤一椽

之屋何恃而守薛跪泣曰政惟是無子無家姑老何恃願追蹤兩世足矣日事紉浣易薪米以終姑養凡竺氏習女紅者率師之卒年六十七萬歷志

黃氏庠生劉鳴陽妻鳴陽早卒黃矢志堅守貧乏無以自存或勸之改適黃泣曰吾聞從一而終敢有他乎日不再餐夜無完簟竟以凍餒亾萬歷志

倪氏陳宏兆妻倪紳女歸宏兆生子甫一月宏兆死倪典衣殮葬誓死靡他屢爲繼姑所逼歸依父而父又貧輒枵腹鍼紉佐父朝夕逢姑誕必市果麪致壽每寒食中元除

夕及夫忌日則以雞酒麥飯倩鄰僮奠於墓所而自號慟門外北面稽首焚紙錢乃已及父死子稍長乃攜子歸於陳葺廢居棲焉年七十一終萬歷志

吳氏范廣瀚妻年二十瀚病卒貧無立錐叔廣沔廹令改適窘辱備至吳嚙指截髮就縊者數四家人救甦日惟辟纑紡紉以給衣食里媼有憐之者曰汝家貧無倚復遭內訌何自苦如此吳泣曰吾知有死耳豈負亾夫哉墮淚皆血矢志益堅竟以壽終萬歷志

馮氏徐郡妻郡贅於馮婚一載以力學勞瘁卒於家遺孤

尙志甫七日馮聞訃亟抱孤奔喪哭葬如禮以父母事舅姑撫孤慈愛曲至迨子長娶婦舉孫馮心稍稍喜未幾尙志復病歿馮泣曰濡我數十年死者以七日孤耳孤且今遺去吾何以生因嗚咽不能食卒年七十二萬歷志

邵氏徐如山繼妻年二十二生子廷英而如山死邵日勤紡績孝養舅姑和洽妯娌無間言課子力學天啟甲子登賢書每以忠孝大節訓英後英更名一掄任保山令擢御史上疏母節旌表建坊康熙志

呂氏縣令史唐應奎妻係餘姚名族適唐二載生子樂生

甫逾歲而應奎卒呂年十八哀慟誓死幾絕姑慰以育孤嗣後爲重泣受命躬操井臼孝養純篤訓子必遵禮法卒年六十有八子樂生以孝聞孫徵麟　國朝順治丁酉舉人康熙志

丁氏徐振德繼妻適徐甫三載生子勳而振德亾丁年二十誓死不復生姑周亦孀居泣云吾家兩世不絕如綫幸有一孫天或佑之今死不如養孤祖祀勿殄也丁痛絕復蘇者再因受命奉姑撫孤艱苦備歷姑病劇割股和藥以救姑病獲痊後姑八十餘終丁終年八十有六子勳歷任

江西建昌府南康府幕築城濬濠捍隄有惠政康熙志

張氏竺四妻年二十夫亾遺孤一張操井臼務紡績孝事舅姑訓子有方言笑不苟舅姑年八十二同日逝張治喪葬悉如禮年八十有四終子虛中庠生以孝稱康熙志

陳氏俞溥二妻年十九溥二死遺孤未周歲陳毁容守志日勤紡績孝奉舅姑有堂伯某利其財貲諷使嫁陳抱孤泣不休亦不答一日伯以餅食其孤方食驚而啼陳疑予犬犬斃陳痛哭曰兒縱死吾志終不可奪也是夜夢其夫告曰兒之不受毒者予力爲之今訴之冥府惡人死不遠

矣次年伯果以惡疾斃陳年八十四終康熙志○案溥二舊作仲溥據俞氏譜更正嘉慶志表又載陳氏俞溥妻重出從刊誤刪

陳氏儒士許成義妻甫于歸即脫簪珥助夫力學年二十四夫卒遺孤二苦志堅守孝養舅姑子就外傅每以成德立名爲訓倪文貞公爲立傳贊子吉人貢生宏人庠生康熙志

陳氏郡庠生葛承憲妻年二十三憲以暴疾死遺二子俱幼初族有盜者憲擯斥之乘憲死盜欲殺其子及陳陳覺持二子避得免盜焚其廬後苦積復搆堂伯某盜賣祖塋

於勢宦陳罄家貲以贖事舅克孝課子惟勤卒年八十四子三龍三友俱邑庠生康熙志○案乾隆府志作謝氏

陳氏趙則乾妻則乾力學早卒遺孤尚襁褓陳年甫二十鄰里勸再適陳痛絕復蘇以舅姑老孤幼強飲食紝績度日有甘旨必先奉舅姑餘以哺孺子人皆稱爲苦節云康熙志

任氏鍾强妻强亾任年二十四姑憐其年少諷之曰家貧子幼守節事難任以物碎首誓不二姑因抱頭相向悲泣後姑病任禱天自代割股和藥以進病頓瘳郡守湯紹恩

表其門志 康熙

章氏周國光妻光家貧力學章每伴燈夜績相勗勉光死章年十七族以家貧無子勸他適章持刀欲自殺自是遂莫敢言形影相弔終始如一令吳士貞表其門志 康熙

胡氏太學生林苓妻苓赴試北雍旋里卽歿胡年二十二一志苦守扃戶紡績事姑至孝會姑病籲天願以身代病遂愈課子甚力學業皆有成壽至百歲郡守葉顏其額曰節壽雙全志 康熙

薛氏羅繼誠妻年十八而繼誠歿哀毀自縊姑救之氣絕

少頃蘇勸之曰繼誠無後幸汝懷孕獨不顧羅氏一塊肉乎越三月遺腹生子薛立繼誠位朝夕焚香躬自課子不見外人者十餘年年七十無疾而卒嘉慶志
陳氏庠生黃綵妻綵歿有以年少勸改志者輒哭泣拒之壽至百歲後元孫婦馮氏早孀節亦如陳訓督二子乾隆府志
倪氏顧允星妻允星年甫冠生二子即北游京都爲部掾卒於邸倪聞訃慟絕及柩歸停園中與倪室隔一垣朝夕睇望每遇風雨即撫二孤飲泣及子長始命改葬曰吾今得瞑目矣補稿

韓氏二節鄭氏庠生韓銓妻銓爲忠義公銑仲弟年二十卒鄭痛不欲生以懷孕忍死俟之彌月生子淏矢志堅守淏年十三入泮三試皆第一年十八暴病卒婦尹氏御史淇之女年亦十八栢舟自矢與姑鄭相依年五十先姑卒謝太傅遷表其門補稿

陳氏袁同八妻年二十七而寡生一女出嫁亦早寡一日過女值演戲女欲隨姑往觀力止之曰處常宜戒孀婦尤宜禁絕養子寅四戒以做人要如寡婦守身而寅四亦以强年殁氏益無倚卒年八十七補稿

柳氏徐子瑾妻年二十五而寡遺孤僅周歲家甚貧舅姑又老事育維艱柳剪髮嚙指矢志不二夫弟應豐尙幼柳以紡績佐肄業資後應豐登第敬嫂猶母孀居四十餘載人無間言嘉靖間旌表據徐氏譜

李氏徐秉端妻少寡而貧或勸他適嚙指自誓後二子以貿起家孫景辰崇禎丙子舉人據徐氏譜

沈氏謝鍔妻歸三年餘而鍔死遺孤甫十月翁姑爲選富室再適沈聞受聘急托歸甯往母家不返者十五年及子婚娶始歸備極艱苦歷五十年孫讜薦於鄉泣謂曰我五

十年前不圖有今日我不負汝祖父天亦不負我聞者墮
淚據謝讜撰傳
劉氏二節虞氏劉克明繼妻夫卒舅姑勸更適虞曰舅姑
二男皆亾何以爲活未幾舅姑死虞年僅三十許家產凋
零日夜紡績以訓諸子宗黨賢之庠生克培妻陶氏亦早
寡撫孤堅守並以節著備稿
國朝
錢十一姑謇言女母病焚香禱天願以身代乾隆甲午夏
鄰火延燒姑時十四歲方治早炊母與四歲弟睡未起姑

入寢攜母出母命救弟復冒煙入火烈不得出與弟俱焚死乾隆府志道光三十年旌闡幽甲錄

王三姑廷相女母早亾事父維謹後父臨危以手指姑而逝諸弟尚幼經理喪葬哭泣甚哀紡績鍼繡撫育諸弟或有爲媒者輒以父手指事爲謝四十八歲卒乾隆府志

鄭二姑士俊女士俊無子生女五四女皆于歸二姑以父母故不適人先是父病二姑年十四籲天求代刲臂肉食之病霍然嗣父母相繼死家貧二姑兜土築墳族有强暴者利士俊微產逼二姑嫁二姑曰如父母蒸嘗何乃集宗

族爲父立後並以其事白諸令撫繼弟成立門祚衍盛戚黨咸稱道之嘉慶志

俞女名清得雲會女父卒時女年十四家食維艱兄外出業賈弟尚髫齡獨母在家又多疾病女矢志奉養以母病不痊誓不遠離至嘉慶二十三年母歿女年已逾五十哀毁幾不欲生弟燚於道光三年備具事實呈請學政杜堮給貞孝邁倫匾額表其門沈奎補稿道光十八年旌闡幽甲録

陳小姑光遠次女侍母陸疾衣不解帶晝夜侍奉湯藥比卒痛絶復甦兄亾弟幼事父益謹父卒經理喪畢將殉焉

親族慰勸遂强起撫幼弟成立矢志不嫁備稿

葉氏二女長巽言次佛言文羽女皆以孝稱巽言天性貞靜侍奉勤謹最得父母歡許字未嫁而歿瀕危猶呼佛言屬以善事父母佛言性故純孝遂矢志不嫁篤意事親及二親歿佐諸兄弟理家政勞悴不辭蓋友于之樂亦孝思之不匱也據採訪冊

王月姑生員嘉徵女性純孝因親老弟幼侍奉乏人遂矢志不嫁咸豐壬戌父病亟焚香禱天願以身代光緒己卯弟幕遊北省母卒哀毀逾恆殯葬盡禮撫諸姪皆成立卒

年五十四光緒十五年禮部郎中詹鴻謨爲呈請　旌表得

旨旌如例據縣册

俞氏錢徵智妻幼淑愼長兄以癲疾廢仲兄游學外出惟氏承菽水歡母病刲左臂絶而復蘇和藥以進歸錢後事翁姑如父母晚年出紡績資置父祀產年六十二卒同治四年以孝女　旌據採訪册

錢瑞芳榮光女性純孝不離母側母每病必終日泣母後病急瑞芳無計乃焚香禱天持刀刲股痛而暈絶甦後和藥進之病竟霍然據採訪册

趙氏貢生呂英女父疾甚刲股療之疾竟愈後歸姚步山父又病偕壻來省又刲股療之病又愈據採訪冊

車秀姑廷爵女隨父寄居臨安同治癸亥賊掩至恐父被獲攔賊怒罵父與弟皆得脫而姑竟死年十三據採訪冊

已上孝女

謝媛郡庠生璜妹康熙戊午與璜妻陳氏遭寇劫跳身海涘賊以長鉤援之起哭詈不止俱被害表徵錄道光三十年旌闡幽甲錄○案范蘭三烈婦傳略稱謝璜妻與小姑同死謝爆陳氏傳略但言善視二女不云有小姑故沈奎刊誤辨爲謝璜之女而王琖以爲同日死節者一爲蓋山陳氏婦一爲蓋山陳氏女相傳以爲姑嫂殉難是陳氏之姑嫂非謝氏之姑嫂也謝媛似無其人而舊志載之君子善善從長存之可也范蘭謝爆兩傳略載烈婦陳氏

下

趙女歲貢生趙子儀女字胡士倓聞士倓殤摘珠珥衣布食蔬矢志不嫁父母曰若尙不識胡郎面爲誰守耶對曰旣字之卽關名義奚識面爲居無何聞有媒氏至遂斷食飲父母百方曉譬不應越五日卒表徵錄道光三十年旌闡幽甲錄

韓女趙大受聘妻將娶而大受忽染癩疾父母欲爲之改適女聞之曰婦人從一而終我而再字何以爲人遂自縊死後數年大受疾愈痛女之死終身不娶繼猶子爲嗣沈奎

補稿

夏一姑以松女年十七遭辛酉之變猝遇賊豔其色欲犯之女不可將殺之母恐女見害泣勸之亦不聽賊怒牽之去女大罵露刃逼之乃自以頸觸其鋒死賊感其烈亦太息而去女死於大查湖虎墩今呼其墩曰烈女墩據採訪冊

經女維民女母有夙疾侍湯藥無倦及母卒父老弟幼遂操家政咸豐辛酉寇陷虞城避居項壘俄賊至索金銀擲簪珥與之不足將殺其弟女哀告曰父止一弟不可殺也賊不聽殺之女攖胸大呌曰既殺吾弟誓不俱生矣奮臂

抽賊刃賊怒又殺之同治甲子　旌卹入忠義祠據採訪冊

嚴小姑春榮女姚邑陳忠聘妻同治壬戌被賊擄賊負之女佯曰釋我當隨行行至橋上投河而死年十四同治五年　旌據採訪冊

馮琴姑永蘭女生長杭州咸豐辛酉髮逆漸近隨父奔歸虞次年壬戌賊過馮家浦擄女欲污之女大罵賊殺之死後顏色如生且有怒容年十七已　旌據採訪冊

嚴女鳳岡女同治壬戌竄賊倏至不及避爲所獲驅之行不肯將殺之母泣勸曰不行則死矣行則猶可望生還女

始泣而行俟離母遠乃坐地不行脅以刃則大罵遂刺腹而死據採訪冊○

已上烈女

王雲姑嗣昆女年十五字餘姚褚某未嫁而褚殤矢志不嫁既而父母兄嫂相繼死姑躬自抔土築墳天寒手盡皸觀者皆墮淚及兄子女漸長婚嫁畢而姑亦勞瘁死李方湛王貞女行王家女年十五目不知書蹈規矩字阿誰姚江褚未見褚家郎已屬褚家婦郎恨黃泉不可招妾自空房甘獨守王家女命何苦幼喪父長喪母兄嫂相繼歸黃土女獨何歸淚如雨巍巍三尺墳未隨爺孃兄嫂去欲安爺孃兄嫂魂天寒日暮十指皸墳頭土盡是貞女血所成姪已婚姪女嫁貞女肩今日卸貞女身明日謝貞女之名高泰華○嘉慶志

張女名貞懿夙穎敏日誦列女諸傳不輟字王如椿未婚如椿死訃至方刺繡卽以翦裂其帛毁妝易服誓不再適富室錢氏聞其賢遣媒問字號泣欲自盡父母不忍强而止母唐病革繕疏告帝求代母病頓愈後數年父病刲股和藥以進及卒母老弟幼喪葬之事獨任之家貧日勤紡績奉母教弟以終其身嘉慶志

李女陳彤史妻婢也年二十三彤史夫妻病革囑以撫孤李再拜受囑後並殁李於柩前矢志不字撫陳遺孤成立既婚配生有子嗣復相繼死絶李孑立罔依竺宗海妻彤

史女也亦孀寡以李義且貞收卹同居卒年六十三嘉慶志

何玉蘭謝堂繼母婢也亦名多姐鄞縣人依主母操作誓不適人卒年七十九葬隱嶺嶴御史安吉郎葆辰題曰義婢何玉蘭之墓

沈奎補稿○郎葆辰老多姐歌丈夫齷齪不足取我取君家廚中之老婢老婢曷爲來母歿父獨存更無兄與弟但有花間姊妹同株根阿爺連年貧且病食無藜藿衣無褌有女如花不能嫁即能嫁之難爲婚女在阿爺受餓死不如鬻女或得謀雞豚人生貴賤會有命何妨作婢烏衣門自入君家來多姐錫以名依依主母前宛轉若有情事主如父母幼主如弟兄井臼及鍼黹努力爲經營織縑織素日五丈秋風夜夜聞機聲憶昔初來時宛宛三尺長屈指數年華看看二十强不願同心鏡不願合歡牀不願化作雙鴛鴦但願生生世世長在主母旁主母有孫孫有子至今多姐猶不死誓以殘生報主恩歷五世來尚如此鼎鼎春秋七十三滿頭霜雪鬢

鬖鬖一生自問無他志得盡愚誠死亦甘吁嗟乎老多姐何其不毋而慈不妻而寡抑且不子而孝不臣而忠也吁嗟乎老多姐

李女陳應運妻倪氏之婢也應運病疫死倪撫遺孤子立母家遣女暫相扶持時年二十四少倪二歲將遣嫁有日矣告倪曰願終事姑娘爲婢决絶言之倪曉以大義堅執不可年四十七卒沈奎補稿

羅女永豐鄉人父名壽兄弟三人女齒居三名之曰祥三性至孝於兄弟尤友愛字鄞邑聞氏子未歸而聞殁女聞之欲自縊既而悟曰吾不可死死則傷親心是吾沽貞之

名而忘孝之實也乃絶髮毁容誓不嫁戚黨知其賢爭聘
焉父喻之執不可父曰若性烈不汝强然兄弟卽相安能
保異日姪輩盡相安如兄弟乎時諸昆弟在側咸曰無慮
也當爲妹立嗣諸姪中妹自擇可也父喜曰此平日友愛
所致也乃以仲兄次子爲女嗣由是與兄弟益相得足不
出戸者三十餘年二親歿將殉焉勸而止年八十三無疾
終葬祖塋右今貞女後子姓繁衍三百餘人矣人咸謂貞
孝之報據採訪冊
紅蘭芳女名桂姬甫六歲父母相繼卒女幼家貧不能具

棺殮鄰有徐氏者爲之經紀其喪女遂育於徐後徐女歸倪女亦隨往及年長不願嫁佐徐氏操井臼終其身嘉慶十七年卒年六十九備稿入孝女且倪徐氏誤作倪陳氏今據採訪冊改入貞女

邵女心耕女字陳雲鵬未嫁雲鵬死女聞之隱服衰絰誓不再字母將爲之擇配慮不得終遂其志遂得疾卒卒時似雲鵬招之去者據採訪冊

朱女父名鈖字錢塘鄭暎文年十七鄭歿女聞之矢志不再字而未明言也迨父母將爲擇配始達其意欲强之暗呑金環救之得不死由是知其志決遂聽之道光十年

旌又十二年而卒年六十二據採訪冊

夏女楚玉第四女楚玉止一子疾卒哭甚哀女慰之曰女猶子也願終事父母遂矢志不字年四十五卒同治四年旌據採訪冊

徐姐姑文高女年十四母趙卒有弟三人家貧父不復娶女以父老弟幼誓不字人撫諸弟成立後即寄迹佛菴茹素終身卒年六十一據採訪冊

陳賽麟光亨女幼聰慧好讀醫書父服賈申江兩弟皆幼家政皆女操之父病百藥不效刲股以進卒不起母得風

疾飲食需人以是矢志不嫁奉母以終卒年四十八據採訪冊

任大姑天臨女無兄弟二親年老與妹小姑同矢志養親不字男裝操作見者莫辨爲女子也終身茹素年五十三卒小姑尚存已七十三矣據採訪冊

朱小姑孔陽女年十三喪父母慟甚姑慰之稍解其後母多病語言顛倒醫藥不瘳惟姑扶持搔抑得母歡心齒漸長兄置奩具將爲擇壻女曰吾知有母而已無相强也隱鬻其所置奩具以示終身養母之意兄無奈何聽之而已及母歿年已四十矣今年正月歿年六十九據採訪冊

已上貞女

商景嶶字嗣音冢宰周祚女薦辟徐咸清妻國色與女兄蘇松巡撫祁公夫人俱能詩近世能詩家呼爲伯仲商夫人嘗闢庭搆藥欄設長筵發所藏書與咸清對坐縱觀暇則抽牘爲詩有林下風香閣倡酬金春玉暎比咸清應舉放歸輦下諸公贈聯云　北闕上書爭識西京才子東軒賜食歸貽南國佳人一時豔稱之嘉慶志○毛奇齡徐仲山墓誌銘天台老尼自萬年來遙望見夫人合掌曰此妙色身如來也蓮花化身相好光明旣而咄嗟曰善持之幾見曼陀長在人間耶於是君與夫人約且從老尼請發願寫妙法蓮花經三部以延其年又阮吾山茶餘客話商夫人年八十容貌如二十歲朝夕惟飲乳汁猶耽花讀書不衰

徐昭華字伊璧薦辟徐咸淸女父咸淸與毛奇齡遊會奇齡過其家傳是齋座客方滿昭華出謁奇齡命賦畫蝶詩信口立成一座大驚其母商景嶶與女兄景蘭俱以能詩名景蘭有女湘君繼起而昭華名更藉甚一時有都講之目嘉興曹侍郎曰左嬪蘇若蘭後文章之盛無如昭華者後適諸暨駱襄錦著有花間集徐都講詩陳其年序云問其桑梓千秋西子之鄉詢彼絲蘿四傑駱丞之壻毛西河集○宋長白柳亭詩話都講雅好蒔蘭自號蘭凝有素蘭詩四首長白嘗和之

陳夢蘭嘉女母黃夢蘭而生故名夢蘭秀美絶倫十齡博

通羣籍工詩年十九未字而卒所著有繡餘稿沈奎補稿

徐吉安字子貞安成字集生姊妹齊名上虞人安吉游山寺詩云秋老鐘聲度穿雲入亂煙佛窮燈火絕山缺響聲傳望野橋敧路通厨竹引泉白雲心不礙飛去復飛旋山莊示玉巹云君志能高蹈判寒亦解顏豈如盟白水願共買青山巽鳥嘗窺戶高人自掩關呼雲溪亦應好共賦潺湲安成嫁陶氏其月夜同玉妹納涼詩云拂石坐南林颸颸梧葉陰雲歸天氣淨蟲唧草根深賴此今朝月來披舊日心更闌燈欲盡微露冷裳襟西湖覽勝詩選

張淑蓮字品香知州鳳翥女州同夏毓圻配幼頴悟八歲卽受詩於其父年二十適夏侍奉舅姑克循禮節著有瀲暉閣詩草詩質而有文無脂粉語壽九十六親見其孫謙舉京兆試沈奎補稿

陳淑旂字繡莊諸生志學女適戴學連兩年而寡苦志自矢究心內典尤善鍼灸小楷略似乃翁間吟近體詩亦工繼猶子爲嗣其醫術傳女弟子潘恆貞乾隆府志

陳蘭君字古香號秋畹愷女孫幼聰慧年十四五卽有詩名謝味農嘗面試宮詞蘭君立成傳誦一時風雅自矜好

作男子妝無兒女態後適嵊邑舉人童瀚爲繼室著有滴翠軒詩稿備稿

程芙亭徐虔復配也生長京師幼耽翰墨道光辛丑歸徐南下途中游覽皆紀以詩又嘗於扇中書宮詞百首夜闌人靜輒低聲誦之成婚後一載舉子不育遂得疾不起虔復悼之作落芙蓉曲并刻其遺詩一卷曰綠雲館遺集據採訪冊○己上才女

周氏鍾鳴岐妻事姑虞克盡婦道姑病與夫晝夜悲號祈以身代割股和藥姑病得愈邑侯周銓表其門曰雙孝可

風康熙志○案舊附節婦虞氏傳嘉慶志遂於節婦表誤列其名今移歸孝婦又案表門在崇禎間

尹氏朱有美妻姑悍夫尤暴戾尹委曲承顏無慍色姑病尹籲天求代刲股進之夫怒毆其瘡數四逾日姑痊氏遂瘡潰死聞於縣陶令旌其閭曰孝可回天時康熙三十五年也嘉慶志

張氏德甫女德甫見同里庠生謝元杰器之贅為婿氏聞姑唐疾告其父曰所以娶媳者為老疾故也今姑疾不歸如婦道何遂歸侍湯藥日夕繞牀前無倦容一日姑疾革夜焚香告帝祈以身代遂伸臂持刀刲股肉肉未斷再刲

痛不可忍輒呼母而暈適長姒趙聞聲趨出見血淋漓沾裳卧地未甦爲紮瘡扶持詣牀褥翼日氏進股肉於姑僞託爲他肉也姑食之愈氏喜曰帝既許以身代吾其不久在人世矣越三日卒 嘉慶志

方氏庠生王蕙妻事姑鄭克孝姑病多方療之罔效氏情急籲天刲股調藥以進姑服之愈而氏瘡潰不可治數日死 嘉慶志

陳氏胡鈁妻鈁幼失恃繼母劉撫之成立娶氏淑愼閒靜事劉克殫婦道嗣劉患癱瘓疾卧牀褥十餘載會鈁遊幕

在陝妯娌六人凡湯藥抑搔穢褻諸事皆氏一人任之丙夜猶侍牀側一日氏方乳其子如沅聞劉呼喚聲疾趨牀前劉正酣睡而外閣棟折樓崩樓下器物俱壞衆譁然氏趨出視之則氏乳其子如沅處也人謂氏孝感所致後如沅以征苗功官丞綏廳同知嘉慶十五年　旌嘉慶志

夏氏陸舜山妻年十二郎嘗糞辨父疾十六母疾復嘗糞辨之二十二適陸甫二月翁哽魚骨不咽者累日氏情急默刲股爲湯進之立愈後翁七十餘患噤口痢百醫勿效氏禱天復刲股進之沉痾頓起姑夙患心病每發號呼不

止氏又刲股以進終其身不復發翁姑覺有異潛察得其實乃歎曰恨無以答我媳里黨僉稱賢孝嘖嘖不置口嘉慶志

李氏倪祁耀妻祁耀素不得於父母姑嘗遷怒於氏氏執禮愈恭一日姑病劇幾死者八九俄而忽愈家人莫知其故第見氏恆以右手抱兒不稍易苦詰之始知有股瘡在左也已而氏母病亦篤氏又刲右股療之沈奎補稿

陳氏謝釆九妻太學生聖玉女也釆九經營失利外出罔音耗者數年家窘甚氏奉老翁繼姑皆得其歡心未幾姑

卒翁卧病十餘年氏力勤紡績侍湯藥供甘旨而自咽糠
粃未嘗一語怨及其夫同邑陳氏葛南金妻夫亦外出舅
姑夙膺疾病卧牀褥氏代供子職侍奉湯藥不稍離鄉黨
咸以孝稱嘉慶志
張氏王日升妻日升久客朱仙鎮姑陳病革氏情極思刲
股可療而卒不效遂因傷重瘡潰後姑五日卒時乾隆壬
寅八月二十日也沈垒補稿
朱氏趙志廣繼妻幼事母以孝聞年十六歸志廣敬事翁
姑夜半聞謦欬聲必起問姑逝奉翁益謹翁兩遭病劇氏

禱天願減己算兩刲股以療之後翁以無疾終初氏艱於育一夕夢神人賜藥一丸曰服此當有子已而果舉二男志廣旋卒二子俱幼矢志教養皆得成立備稿

張氏尙偉女徐世勛妻逮事太翁服勤不倦太翁嘗夜食牀置一挷欲食則擊之氏聞聲必起姑脣患病氏刲股以療並建管溪小橋以濟行人壽八十餘據採訪冊

金氏王天貴妻夫嗜酒家貧道光間年荒姑年老無所得食婦傭於富家每食必留半以貽姑主知之遂日給飲食姑賴以存活婦年九十餘卒據採訪冊

丁氏城中牙儈駱八妻也八名文貴事母孝丁事姑尤謹母患瘋癱手足不能舉居近市文貴恐母無聊每晨必負母至外室令卧觀市中排遣問所欲市鮮旨以進母齒脫不能食丁口哺三年便溺汙穢時時拂拭不使稍沾牀蓐後丁娶媳願代奉侍丁曰老人慣我服事汝年少恐不能愜老人意毋須汝爲仍躬侍寢食如故未嘗有衰志駱母亦怡然忘其夙疾以天年終據採訪冊

陳氏章增祥妻年十六父病危刲股以療父遂愈及笄歸章事翁姑曲盡孝養姑久病隨夫侍疾衣不解帶者三年

姑殁思以身殉力勸乃止及葬攜襁褓兒宿姑墓一年得病歸旋卒年四十二據採訪冊已上孝婦

車氏庠生謝宏濟妻事舅姑以孝聞順治戊子四月王翊起兵轥虞城夜半援兵至城中男婦倉皇逃竄兵喊殺甚震氏素有婦德足不踰閾恐遭不測遂躍入城河而死康熙志

徐氏庠生車見衡府志作元衡妻工部宗孺女中丞純孫媳也衡早亾氏嫠居有年二子館穀於外戊子四月城陷氏懸燈夜坐聞叔均衡爲兵所殺遂舉利剪刺喉死康熙志

張氏諸生德徵女鄭宗英妻也順治己丑山寇出沒無定騎兵偵寇過接踵俘掠德徵囑歸避氏謝曰姑在女去誰侍姑者與其棄姑生不若奉姑死十月兵至灣頭氏偕姑避珠龍山猝遇兵縛氏去氏牽姑衣兵以刀鞘擊其姑仆地挾氏行里許經庖家池躍入水死康熙志　道光三十年
旌闈幽甲錄。備稿曰案汪輝祖表微錄作鄭乙妻蓋失其名故也與上鄭振生妻事頗相類惟年月稍異疑郎一人傳聞之誤

張氏張村王肅三妻順治戊子四月官兵捕賊王雅四未獲繫數十婦人去氏與焉欲自殺不得被縛馬上至交水

溪躍入水觸石破顱死康熙志

張氏連樹村王三妻順治己丑十月山賊肆掠劫氏去欲犯之氏罵不絕口臨以刃不屈賊遂殺氏投交水溪月餘賊平氏弟經溪濱遙見氏靚妝坐橋上即之倏不見徘徊久之橋下有屍浮水起視之則氏面目儼然猶未變也嘉慶志 道光三十年 旌 闡幽甲錄。備稿曰案此傳府志縣志俱本汪輝祖表微錄而表微錄又本范蘭三烈婦傳一張氏爲德徵女郎上鄭宗英妻與志傳語相合一張氏爲王肅三妻原傳云張村女有騎掠之挾之上馬行至交水溪婦竊喜此水清湍可愛吾不死何待耶遂溜鞍投溪中騎意其不諳馬復援之婦不言仍躍入水如是者三四大罵曰曳我何爲此吾死所也弗殺我我且抽刀殺若今騎怒殺之投溪中去後其弟某經是溪

時日將暮淸風肅然猶見其魂靚妝坐橋上云今肅三妻傳並無是語而王三妻傳載之疑二傳爲一人之事沈奎刋誤以爲此即王肅三之妻也

陳氏徐炳龍乾隆府志作炳寵妻貞靜端方足不踰閾順治四年山寨兵起官騎擾勳氏避匿至黃家彝口爲騎所迫罵曰甯殺決不辱身因被害時盛暑露沙積者五日玉色如生康熙志

陳氏郡庠生謝璜妻家貧以鍼黹給衣食事舅姑尤敬謹璜卒於京或欲奪其志持刀將自刎乃已孀居八載非貞女節婦不得一面族有憫其窮而賑之者不苟受也康熙

十七年七月海氛未靖氏被擄至賊艘罵賊奮身赴水旣
死英靈不泯土人時見白馬翩翔隨波濤上下康熙甲戌
年間郡守李鐸築隄久而不就夢氏與陳金氏授以方略
郤潮數里不日告成命建雙烈祠於海塗命卿兩貞
烈事實道光
三十年　旌闡幽甲錄○附范蘭三烈婦傳略陳烈婦夫
謝璜客死於京孀居可十年康熙戊子夏蓋
山石崩鄉人以爲異俄而海賊至擄男婦九百餘人入海
婦與其小姑與焉乃嘆曰吾願死以從先夫於摸北久矣
令天賜我也遂赴海賊以長鉤援取之懾以刃婦不顧而
罵乃殺之去小姑亦死之又謝熼節烈陳氏傳略節烈陳
氏五都夏蓋山陳炎四房之女也及笄歸謝子玉爲繼室
子玉爲府庠生喜讀書不治生產家頗落語陳曰吾將走
長安階尺寸以畢吾志陳曰君子欲往唯所欲爲吾當善
視兩女子子玉遂北行不期至天津病逝訃至陳幾不欲

生旁人曲爲解慰始定惟扃戸治女紅訓其兩女而已康熙十七年七月初九日海寇倏至不及避遂被掠登舟揚帆而去守者頗嚴將暮俱就食一躍入海曰吾今得死所矣寇遂起往視已不知其所信至族人哀之案謝燦郎謝璜族姪

金氏陳階二妻舉動端莊言笑不苟里中憚其嚴正無敢褻視者工鍼黹爲一時女師樂道古節義事康熙十七年七月海寇肆掠入氏室迫使行氏厲聲罵兀立不動賊前搜其腕氏料不能免聲益厲曰我臂可斷足不可移也賊怒斬其手更罵不絕口賊復斫其頭遂遇害嘗與謝烈婦其效靈於塘工康熙五十九年郡守俞卿築海塘修夏蓋

夫人廟以氏與謝陳氏配左右楹焉俞卿兩貞烈事實

黃氏徐士接妻事翁姑克孝無子生二女皆幼族惡某氏比鄰也姑歿後某乘氏翁與夫外出薄暮借端入室摟氏欲污之氏力拒呼號趨出獲免既而曰古人有污其臂而斷之者今若此何面目立於人世遂自經死時雍正某年月日也族人以白令求驗恐非氏意第囑族紳元瑺為作啟徵詩以表之嘉慶志

顧氏陳秉均妻秉均貧劇為贅壻未一月出門不知所之氏倚寡母越三年有自福州歸者言秉均道死歲月有徵

時氏年十九母勸改圖氏引刀自刭母泣而止之斷一指
示信日夕從其母紡績母病刲臂肉和藥勿效慟絶復甦
鄉老爲醵錢殮殯送殯歸奉母木主徧拜里人之出錢者
曰母事畢兒願亦畢不敢再煩長者火兒屍得免暴露足
矣言已闔戶久不出鄰媪穴窗紙覘之傫然偃於牀排戶
入氣息已絶滷盎在几而所服衫袴上下緘縷交綴好義
者復爲營殯母棺之側既殯羣鳥悲鳴其處累月始散時
乾隆二十三年也嘉慶志　道光三十年　旌闡幽甲錄
張氏姚大芳妻隨夫居山僻間有惡少伺大芳出欲與氏

逼不可誘以金不可乃以紅藤縛其頸曰汝不畏死耶氏曰死則死耳何劫爲遂殞命乾隆三十二年縣令孫震申請撫憲熊學鵬奉　旨旌其門曰貞烈維風嘉慶志

張氏山西陽城人邑之甲仗村有符節者客幕山西遂娶焉厥後節任新水典史甫一載節病謂氏曰我病亟必死汝回籍余兄嫂必逼汝嫁汝可速死氏悲泣不能言徐曰聞醫言君病可不死萬一君不諱我當扶柩歸可速死耶及死貧不能歸葬氏倚母家越一年婣親山陰陸楷令河南回始聞之遺僕從送柩歸葬氏偕楷母歸至塘西絕食

者已八日乃歎喟曰今得從吾夫於地下矣於悒而卒時年二十三楷母爲合葬於甲仗之某原嘉慶志

楊氏徐在仁妻年十九歸在仁居塘灣外沙鄉里視再醮爲常事氏每正色規之越四年夫病籲天祈代醫云症不可治泣語妯娌曰天如不佑當從夫地下聞者竊笑及夫卒卽投屋後池中死撈取視之聯紉上下衣極周密顔面如生與夫同日殮葬鄉里莫不流涕嘉慶志道光三十年旌闡幽甲錄

成氏太學生王尙綱妻年二十六寡事姑孝遺孤二齡居

近山時多虎患一日姑爲虎所啣氏驚知逐虎奪姑虎奔氏追至山上石巖間虎放其姑逸姑己氣絶氏痛哭不欲生鄰族勸之氏曰吾夫早亾姑又如此所遺之孤望族人善撫之遂觸石而死里人悲之號其巖爲王婆巖嘉慶志

顧氏適阮生阮早夭家貧撤環瑱以養其姑姑卒有富室聞氏賢往求之氏泣曰妾之不從夫即死者以姑在也今姑己死妾亦從此逝矣遂自縊嘉慶志

俞氏王勝義妻勝義客京都聘氏未婚父母相繼殁氏父欲令改適氏日夕飲泣屢於密室自經適媒氏聞之趨告

王姓族人咸嘉其節囑媒氏與氏密約他所肩輿舁歸令族女昭穆相當者作夫壻狀成禮自是勤紡績度日待夫歸越四年夫歿京邸氏聞凶慟哭倒地欲自經族人力救得釋數日死時年二十有九嘉慶志

黎氏名采姑年十四適章錦尙錦尙祖克峻父鸛俱諸生嘉慶七年錦尙溺江死氏聞凶欲赴江以殉念無子志爲夫立嗣乃止有長姒亦寡而悍其子與錦尙同舟溺死常思佔氏貯物并利氏聘金百計逼氏嫁甚至絕氏飲食氏終不屈姒計沮乃陰謀惡少刦氏嫁氏覺遂閉戶服鹵不

死復服生椒數合促之死鄰族鑿戶入見氏週身巾帕纏繞不可解嘉慶志

杜氏王起鼇妻嘉慶九年冬起鼇死氏日夕悲號逾年春投屋側池中未死前一日告翁姑曰事兩大人有伯叔在媳未亾人不如從夫早亾翁姑雖勸之而未及防竟遂其志死時年二十有七嘉慶志

毛氏王永仁繼妻生一女夫死思殉之強起治喪葬畢歸告姑曰所以苟延旦夕者欲一臨其穴以安夫君耳今事畢敢以弱息累姑遂扃戶縊年二十三時嘉慶十九年也

黃氏王怡一妻許字後怡一得瘋疾翁恐誤女願退婚氏矢志不二且曰夫卽成疾妾之命也年二十二歸王盡心事夫三年不懈怡一歿送葬畢闔戸自經據採訪冊

方氏林卓然妻卓然病日夕飲泣及卒一慟而絕救之甦甦復哭哭則復絕如是者數四遂成沈痾勺飲不入口父母及舅姑皆爲之謀醫氏曰所以不卽死者恐以橫死傷兩家父母心也若病死固所願耳終不服藥遂死年二十五已旌據採訪冊

朱氏陶錦華妾事大婦甚謹以是得大婦歡夫病籲天願

以身代及卒屢欲身殉以防守緊不得死次年防獲稍疏竟自縊死據採訪冊

沈氏方萬盛妻咸豐辛酉爲賊所掠將逼焉氏罵曰我良家婦豈從賊者速殺我賊貪其姿拘之一室氏恐被辱以賊矛自刺而死年二十二據採訪冊

邵氏曹洪泉妻咸豐辛酉賊陷虞城徧掠村堡氏匿皁李湖叢葦間爲賊所見逼之竄湖中賊不得近以矛刺之遂中矛死年三十三據採訪冊

葛氏陳漢章妻歸陳八載而寡姑老子幼歲歉家貧氏撫

孤養姑備極勞瘁咸豐辛酉虞城陷氏懼不免預託孤於姪爲自盡計無何賊夜至氏遂赴水死越二十五日得其尸顏色如生同治九年　旌　據採訪冊

姚氏三烈婦祖虞妻張氏及弟如昇妻許氏如玉妻徐氏也姚家夾塘咸豐辛酉賊漸近祖虞之父結廬於小查湖中爲避賊計湖在村之北中有小阜四面環以水意謂賊必不能徑渡也三婦曰此絕地耳我能往賊亦能往不足恃卒不聽無何虞城陷賊大至姚艤舟以渡賊踵至張見勢急以六歲子付祖虞與二娣赴湖死俄賊虜祖虞去六

歲兒無依亦入水死據採訪冊

周氏姚寶興妻居邑之夾塘咸豐辛酉賊陷虞徙姚境避焉不數日賊入姚境周匿於農家草舍中被賊搜獲欲汙之周力拒脅以刃引頸待戮賊怒斬其手舍之去而脈已斷矣血湧如注力疾逃至田中猶一手引稻稈蓋其面恐賊之復見焉移時血竭遂死據採訪冊

徐氏項德表一作標妻年二十歸項事姑以孝聞越六年夫歿養姑撫孤節操凜然子文清成立娶媳朱氏咸豐辛酉賊將至勸之避徐曰吾老矣何死之足懼汝輩速行賊至

墮樓死年六十後文清卒朱亦以節著人稱一門雙節云

徐於咸豐二年　旌朱於光緒四年　旌據採訪冊

陳氏許晴嵐妻咸豐辛酉賊至率眷屬匿山中久不得出餓死從死者姪婦寶璣妻王氏寶琳妻錢氏及姪孫女錢姑據採訪冊

葛氏鍾復燦妻咸豐辛酉偕夫匿山中夫爲賊見擄之去氏突出奪之賊豔其色欲污之不從舉刀恐之乃奪刀自刎死時年二十七入忠義祠據採訪冊

謝氏萃升女錢籀原名濬妻咸豐辛酉賊陷虞城偕嫂晉英

妻吳氏避難於何家岙次年壬戌賊入村擄同匿於明因寺山下賊見獲之驅之行至項家河側二人同赴水賊不捨拯之起乃大罵賊怒先後以洋鎗轟斃之時謝年三十三吳年三十七俱已　旌據採訪冊

徐氏世勛女張兆元妻早寡已膺　旌表粵匪至與兄宇立避檀燕山未幾賊又至欲殺其兄氏抱兄不釋賊斫其右手指猶不釋又斫其左手指而去氏遂死據採訪冊

葉氏鄭金榜童養媳金榜嵊人而家於前江者也同治壬戌賊由虞竄前江氏匿村旁竹園爲賊所得脅汚不從詬

色並厲賊以矛刺之洞腹而死年十八據採訪冊

杜氏英華女年十八歸俞培義明年壬戌九月歸省親母家在後郭適竄賊倏至猝爲所獲挾之登舟氏奮身投河死越二日得其尸於江濱僵立不仆顏色如生同治七年旌據採訪冊

王氏金殿麟繼室媳丁氏子時雍繼室同治壬戌賊至丁恐被辱投河死王亦罵賊死據採訪冊

韓氏黃景山妻夫故守節十二年同治壬戌賊過境氏攜女匿爲賊所見氏知不免趨河邊棄女赴水賊追至以鎗

刺之氏痛罵受刃數十處而死已旌據採訪冊

車氏貢生朱見衡妻咸豐辛酉聞賊至呑金戒指二枚救之得不死次年賊大至逼氏氏厲聲曰吾求死久矣自刎死據採訪冊

許朱氏夫爲團勇被殺翁又爲賊所殺氏見翁死大怒罵賊亦被殺與翁同日死時同治元年閏八月也據採訪冊

邵氏謝洪生繼妻同治壬戌粵匪至夫外出翁年老艱於步履不及避氏侍翁不離左右勢急自縊死年三十七已旌據採訪冊

陳氏四烈婦燦然妻謝氏五九妻徐氏志高妻葉氏昭明妻徐氏也同治壬戌賊踞東鄉四人夜匿山間時月色甚明相顧歎曰蒼天蒼天何時滅此毛賊賊適過聞之大怒將殺之四人駡益厲遂同遇害五九之妻駡尤烈賊恨之以柴焚其尸據採訪冊

羅氏二烈婦同治壬戌粵賊肆掠日東妾方氏與姪孫元曜妻張氏同匿蘆葦中爲賊所見不及避遂被執賊見張年少欲辱之方抱張不釋張亦大駡賊怒欲殺之二人同躍入河賊退兩尸浮水上面色如生據採訪冊

林氏上浦村農夫陳邦耀妻同治元年十月官兵復虞城賊渡曹江猶肆掠沿江鄉村十一月九日邦耀遇賊至持鋤擊之不中力竭被戕林氏聞邦耀死哭奔屍所號天駡賊賊脅以威林駡益烈謂夫死義妻殉節分也任爾臠割吾何懼哉賊遂以矛刺其股林氏駡猶不絕賊憤甚復抉其舌刲腹擢腸而死 據採訪冊

田氏錢友德妻友德卒苦志守節同治壬戌賊逼不從被數刃而仆賊去復蘇謂女伴曰守節十七年今得見夫君於地下矣遂卒年四十五同治七年 旌 據採訪冊

葛氏庠生朱葵妻同治壬戌遇賊不屈被殺越兩月夫葵遇賊亦不屈死人謂夫爲義士婦爲烈婦據採訪冊

周氏郁文女性至孝父病刲臂以進年二十四歸陳駿彥同治壬戌被虜將犯之罵曰不幸墮汝手性命已非我有可速殺我賊不殺挾之行五里許又逼之罵愈烈賊怒拔刀擊案上有聲聞者股栗而氏詞色愈厲起奪賊刀以刺賊賊皆驚鋒刃交下面被七創而死將死猶罵不絕口賊退得其尸面目不可辨猶認其衣飾云據採訪冊

馮氏陳葉青妻同治壬戌四月婦方治晨炊賊掩至不及

避爲所得賊曰從我去活汝婦僞諾之甫出門卽躍入池賊怒其紿己以鎗搠之死年二十二據採訪冊

萬氏倪邦顯妻年十八歸倪時翁存姑歿夫患足疾氏勤紡績養翁翁卒家益落無何夫亦卒子幼勸嫁者日益衆憤歸母家兄亦勸之嫁乃傭於錢氏咸豐辛酉粵賊至與子匿山谷間得免次年八月母卒氏爲之治喪甫殮而賊至遂被虜賊使服役不從連受數刃駡賊投河死採訪

張氏錢景桂妻年十九桂卒守節四十餘年咸豐初以節孝旌同治壬戌遇賊奮投池中賊刺以鎗死又以節烈

旌據採訪冊

陳氏龔懋修妻懋修卒守志家貧傭於錢氏同治壬戌隨主婦避兵大嶺下賊經其處見之刀斫其主婦氏以身蔽之遂受十餘刃而斃主婦竟得全同治二年以義烈旌據採訪冊

陳氏廣東河源縣典史謝鈐妻同治壬戌賊至躍入水賊見有姿欲撈取之駡曰我典史妻豈從賊者乃受鎗死同治四年旌據採訪冊

周氏夏雨錦妻年十六歸夏是年冬粵逆陷虞城徧擾村

落獲氏欲汚之氏投水賊撈取之又不從乃以洋鎗斃之據採訪冊

魏氏餘姚人江蘇候補知縣恭壽女母沈早卒依於庶母姚字王淦次子光祖已而父又卒同治辛未女年二十婚有日矣是年五月光祖病卒訃至氏哀不自勝請於從父昌壽願歸王守節昌壽曉譬之不顧也遂以意達王王格於禮未遽諾而氏已仰藥死距光祖之死才逾月耳乃以柩歸王與光祖合葬於祖塋旁從其志也有司上其事於朝　旌如例據採訪冊

羅氏顧滙妻夫病急焚香籲天願以身代夫卒亟爲營葬立嗣曰吾事畢可從夫於地下矣以同治十三年二月仰藥自盡光緒十一年旌據採訪冊

丐戶徐氏陳宗標妻美姿容成婚時宗標尚幼而貌醜有富豪某佯招之服役止宿焉夜深款門欲污之不從誘以金不從遂毆之氏厲聲曰身雖卑賤志操一也奈何以勢相脅爲遂呼救得不污黎明歸告其姑姑怖某勢登門謝罪咎氏氏白諸母母貪某賄又咎氏氏抱忿莫訴縊而死時年二十一嘉慶志

丏戸葉氏許景春妻咸豐辛酉遇賊不辱自刎死又陳氏

施朝仁妻同治壬戌賊索錢物陳怒駡之遂見殺年八十

二又曹氏施興衍妻同治壬戌賊逼不從死據採訪冊〇

已上烈婦

上虞縣志卷十四　列傳十

上虞縣志卷十五

列傳

列女

陳夫人父有信以賢行稱閨訓克嚴夫人生而穎慧奉教維謹及笄歸沈清遠生一女甫週沈被仇家謠諑避地冀北二十餘載夫人備歷辛劬艱苦危疑毫不爲動外侮內憂處之怡然奉姑陳克勤孝養及　興朝定鼎沈以元勳受　命總漕夫人偕沈奉姑於署朝夕温凊終身孺慕年六十七終　誥封一品　嘉慶志

杜氏諸生趙彦興妻乾隆二十年邑風潮爲患氏命子維熊等悉免佃戸租並呈縣移文福建買米散給貧乏全活無算總督哈公給匾旌之卒年七十一嘉慶志

陳氏顧名臣妻見人以貧鬻故鬻妻氏贈以金得不鬻覔人感謝去嘉慶志

酈氏袁維崧妻常倩維崧講大學詰之曰聖人之書言修己治人如此今之學者所讀何書當頭一喝眞令人三日耳聾也陳相國遺規一書酈愛之手不釋卷生平不苟言笑三姑六婆無入其門薄於自奉而虔於祭祀將卒戒其

夫曰無厚殮無作佛事速葬舅姑之旁或盡子婦職也趙琴課餘卮言

酈氏會稽監生絅尙女年十六歸袁鍾奇時鍾奇父已歿而大父母在堂酈既悔不得事舅乃奉姑趙益謹又代姑事太翁姑咸得其歡後姑患疽疾躬侍湯藥閱兩月無怠意疾急每抵暗室獨泣竟夕不寐又恐傷姑心出見必去其啼痕姑卒哭失聲水漿不入口者數日未幾太翁姑相繼逝家業日益繁酈相夫克儉克勤葬祭極誠敬年三十八卒鍾奇感其賢竟不續取趙琴酈孺人傳

董氏嘉瑞女字王林高林高幼孤露家赤貧遂流爲丐嘉瑞聞之欲改婚氏不可曰女之命也卒歸林高日夕勤紡織家稍裕生三子一女皆成立林高五旬外目盲氏敬禮不稍衰據採訪冊

王氏張汝庚妻事翁姑孝夫病危刲股以進夫愈而氏病矣越九年卒據採訪冊○已上賢婦

嚴氏何文法聘妻名凝惠嚴聖輔女未婚而文法夭氏歸何守節布衣蔬食終其身乾隆間旌表嘉慶志參採訪冊

管氏陳淑聘妻將娶夫卒卽撤環瑱矢志不嫁欲聘者以

死拒之後因姑喪匍匐奔歸繼姪爲後乾隆府志

曹氏王珩聘妻貢生景範女未婚而珩死欲奔喪父母不可乃止終身不衣錦不赴宴有欲爲媒者輒哭泣不止珩兄有子維新曹欲立爲子陰遺媼賫銀到姑家使來聘兄女爲媳年四十過門立繼躬種植以自給乾隆十年　旌表乾隆府志

蒲氏陶是聘妻是甫冠未納采而殂蒲飲泣不敢出聲志蘄然不可動先是家有胡貞女家人待之有加禮是時迎蒲歸以待胡貞女之禮待之乾隆十二年　旌表嘉慶志

袁氏曹湄聘妻年十八湄亡父母議再字袁泫然曰一女再字有死而已吾終爲曹氏鬼決不爲他姓婦也父遂白曹過門矢志以伯子爲嗣卒年八十有三乾隆十八年旌表嘉慶志

祁氏鍾受之聘妻山陰人未婚而受之卒父母欲再字堅不允願侍父母以終年五十五取鍼黹所積置田二畝付叔作夫祀產卒後歸柩於鍾合葬北門外乾隆二十四年旌表乾隆府志

田氏張啟楠聘妻年十六啟楠訃至氏悲號欲絕永矢靡

他縞素臨喪繼姪爲嗣卒年七十四乾隆間　旌表據採訪册

沈氏謝四聞聘繼妻年二十五四聞聘爲繼室未及娶而四聞以沉痾卒沈毁粧奔赴撫棺大慟誓不返繼伯子爍爲嗣視若己出堅守獨居族人罕見其面乾隆間　旌表據採訪册

屠氏劉永春聘妻會稽屠心衡女幼聰穎識書善鍼刺長字劉將婚而劉病歿泣誓不再字父母嘉其志許之遂素服歸劉事翁姑如事父母翁乏嗣勸翁納妾舉一子未幾翁姑相繼逝屠撫叔成立守貞二十餘年足不出閫嘉慶

間令李宗傳上其節得 旌表據採訪冊
管氏陳敎五聘妻父成成順治辛丑武進士與諸生陳駛友善因以女字駛子敎五未婚而殤管遂毀服固請從父往臨禮畢父命歸泣對曰兒來即爲婦如欲歸豈肯來耶觀者歎息遂留止服喪繼姪爲嗣歷三十八年卒道光三十年 旌表表微錄
聞八氏馮宏範聘妻未婚而宏範歿氏年二十聞訃謂父母曰女雖未婚義屬夫婦願一往見父母強許之甫入門以吉服見舅姑後即衣衰絰撫棺慟哭出謂其從者曰我

受馮氏聘即爲馮氏婦終身不作歸計矣事舅姑曲盡婦道孀居數十年足不輕出戶外撫夫弟長子恆爲嗣篝燈課讀以至成立年六十九而卒嘉慶志

魏氏何學詩聘妻餘姚魏如崗女年二十一聞學詩卒過門守節繼子如淵卒年四十四補稿

顧氏監生石維巖聘繼妻年二十三過門守節撫前子如己出卒年六十餘補稿

任氏陳光臻聘妻光臻遊京師不歸其母以女年長願還婚帖令改字女知之泣求母必適陳因先以妯娌行合巹

禮作札速光臻歸光臻覆以成名始歸越數年竟死於京師女聞訃哀絕因姑老無子孝養益竭族人嘉其志以從姪炳章嗣焉補稿

沈氏謝正來聘妻餘姚沈汝昌女正來客外不歸存亡未卜氏登門守貞卒年三十有九據採訪冊

張氏錢長卿聘妻山陰張懋女字河南武安縣知縣應昇子長卿年十六長卿卒氏聞訃即去簪珥不茹葷不純采矢靡他者十八年咸豐癸丑粵匪寇河南翁禦賊陣亡踰年夫弟炘扶柩回里氏固請執子婦喪遂迎歸立炘長子

襄周爲嗣卒年四十八光緒四年　旌表據闡幽彙錄參錢氏譜
羅氏經元勇聘妻候選縣丞寶堃女幼讀書知大義字員
外郎經緯子元勇未婚而訃至年十九哀泣毁容求奔喪
父母不許遂長齋禮佛不窺戶庭者十餘稔父察其志堅
乃許之經氏以禮迎歸繼子亨豫撫教周至生平無疾言
遽色貞一之操遠邇欽服年四十七卒光緒十七年　旌
表據縣冊○已上貞婦
龔氏陳元新妻年二十生一子夫亡姑以年少家貧勸他
適龔嚙其左無名指泣曰甘爲陳氏鬼莫作他姓婦勤紡

績事姑撫孤髮槁容枯值姑病割股和藥以救卒年六十有二 旌表 康熙志

張氏太學生朱寰妻年十八適朱生子鳴朝甫周歲寰力學卒勔旋亡張生長宦門不辭勞苦奉姑丁克孝訓子勤循禮法鳴朝以孝義聞生子魁鰲康熙丁未進士能紹侍御三峯公遺業人以爲貞節之報 旌表 康熙志

顧氏陳鼎和妻早寡矢志守貞姑病日夜侍湯藥病劇顧涕泣焚香祈神求代如是者浹旬姑夢神告曰汝命當終念汝婦孝當錫汝壽考姑驚寤霍然而愈 旌表 康熙志

陳氏守備趙燮英繼妻康熙甲辰進士儒卿妹英客游都門鮮家居先有二子二女陳曲盡母道年二十英卒遺腹生子聖善苦守教育一夕孤燈獨紡微聞壁間有聲曰夜深矣何未寢諦聽之則其夫聲晚歲獨居能知外事若有靈驗然聖善後官主事曾孫殿最官工部尚書康熙二十四年　旌表嘉慶志參康熙志

徐氏庠生謝宏功繼妻功苦志篤學婚一載即逝徐慟絶復甦無子撫前孤如已出事姑孝一夕夢神告曰七月五日汝家有大災可速救汝姑及期火迫姑臥室徐與姪婦

葛衝火掖姑出貲產蕩盡奉姑挈子居斗室而孝益篤

旌表康熙志

黃氏陳季玉妻年十八適季玉逾歲而季玉死黃懷娠五月生一女矢志事舅姑舅納妾復生子家計日蹙黃曰吾奩資足自給家產盡與叔可也後山寇竊發舅以橫禍破家黃悉出所有營救而室已懸磬矣因就養於壻庠生謝鑄以終　旌表康熙志

章氏顧全六妻崇禎間全六以捕魚死於海章號泣三晝夜屍忽浮始得棺殮時年二十九守志撫孤至八十四而

終康熙二十七年旌表補稿

葛氏徐廷喬妻廷喬一名霍麓病癡十餘年轉劇翁辭婚父許之葛聞大駭紿其父母曰兒欲往別舅姑然後再字父怒不應葛閉戶欲自經其母懼爲婉請於父得行入門不肯歸曰吾徐家婦也父奔而來强挽之以死自誓後廷喬歿葛告舅姑曰夫雖廢疾然年二十五非殤也有婦在不可無嗣乃擇子撫之守志四十年以處子終康熙間旌表乾隆府志

羅氏黃榮昌妻年二十三姑亡夫繼歿無嗣羅拮据二喪

盡禮服闋祭畢即闔戶自縊叔姑救甦與夫之寡嫂同居共撫姪原成立年八十四猶勤紡績雍正三年　旌表乾隆府志

范氏三節范備妻張氏及其子鼎泰妻姚氏孫自起妻羅氏也初備亡張青年矢志撫鼎泰成立娶姚氏旋張歿而鼎泰亦病死姚年二十五通志作年十九自起甫四歲其兄勸再適姚厲聲曰我無父兄即父也何出此言持刀自刺兄跪謝乃已撫教自起弱冠補弟子員爲娶某氏無子早亡繼娶羅生子廷耀三歲而自起復亡姚泣曰吾獨賴媳矣羅

悲不能言即剪髮自誓洎姚歿羅治喪盡禮課子讀書一日比鄰失火幾迫羅焚香叩天邑令萬中一救火至見神持青旂駐屋脊指示曰此范氏世節婦屋也卒無恙雍正五年　旌表廷耀以孝子　旌嘉慶志參乾隆通志○按表內姚氏羅氏俱重出今刪

謝氏庠生錢銓妻年二十適錢事姑孝越四載姑病侍湯藥目不交睫未幾卒銓因哀毀致病喪殮皆謝手理越十日銓亦卒無嗣家貧捐衣珥葬姑於翁墓復以禮葬其夫紡績針紉煢煢二十餘年以叔子廩承嗣雍正七年　旌

表崇邑庠生據錢氏譜

蔣氏羅益茲妻年十八適羅夫卒於京蔣年二十八子甫周歲訃聞痛念夫柩未返乃鬻簪珥同父蔣星移姪蔣某赴京奔喪而父與姪俱卒於外氏隻身扶三柩歸里育子成立守節至六十歲而卒雍正九年 旌表乾隆通志

陳氏潘元賓妻年二十歸潘姑孀居病瘋臥牀即脫簪珥營醫藥歷久無倦六載夫卒彌留時語陳曰吾素知子志病姑弱子惟子是賴陳涕泣受命於是奉養益虔訓子益力守節三十七年雍正九年 旌表乾隆通志

周氏潘世貴妻年二十七而寡家貧舅姑老周每食不飽而奉舅姑甘旨必備子長教以詩書家聲不墜守節三十一年雍正九年　旌表乾隆通志

陳氏庠生徐鼎鼐妻年二十八寡遺孤甫晬家無立錐人勸之他適哭拒不從事姑孝訓子有方雍正間　旌表乾隆府志

姚氏曹鼎臣妻夫亡遺一子哭殯畢扃門自縊救之甦後閉居一室紡績終身至五十九歲卒　旌表乾隆府志

姚氏馬咸吉妻年十九夫亡遺子復殤會山寇肆掠入室

姚駡賊受傷貞守六十餘年　旌表乾隆府志

章氏庠生徐節妻家故貧生二子而節亡章年二十七苦志堅守遺孤就外傅饔飱不繼取諸紉紡適鋤園得藏銀一罐人咸謂天賜章曰無爲我累有詐言舊埋於此者即推與之宗黨益高其清操苦節四十餘年嘉慶志

王氏張宏毅妻年二十五夫亡誓以身殉姑諭以養老立孤乃泣而受命治家有法内外肅然僕婦曹氏夏氏夫死不他適願奉事終身其恩信感人如此子光祖孫澍皆入邑庠有文譽壽至九十六卒雍正十一年　旌表據徐立綱撰傳

○案通志據題旌冊宏毅作宏議王年二十二夫亾子未晬姑老且病性卞急卧床褥間有所欲卽難致者必立購以進呼之雖中夜不敢遲頃刻姑歿喪葬盡禮子稍長督課甚嚴不爲姑息守節三十二年雍正十三年具題與此傳異並存之

柴氏趙顯伯妻年二十適顯伯閱一載而顯伯亾繼姪志學爲後家貧鬻衣飾勤紡績以養舅姑有憫其勞瘁者柴曰吾夫以兩老人託我敢自愛其力耶守節三十四年雍正十二年　旌表乾隆通志

符氏馮宸鑣妻宸鑣年十八瘵疾將危娶符甫十日而卒符長宸鑣一歲族長老哀其幼遣歸母家符毀容誓死不

去平生峭嚴爲方聞一言非義輒怒形於色人頗嚴憚之康熙府志

張氏二節林氏張人傑妻年及笄歸人傑人傑年已五十餘未幾病死痛不欲生二子俱在襁褓中勉進饘粥以營喪葬撫子成立長子鳳閣乾隆甲子舉人官桐廬教諭乾隆四年　旌表據沈廷芳撰傳鳳閣娶范氏生子而夭納江南河工武弁漢光女爲妾仍無子鳳閣卒於任或勸劉他適劉跪泣主母前求自守遂襄主母扶柩歸里家貧無以爲生有鍾氏者亦早寡性好善晚年建經堂曰蓮碧庵俾劉主

之劉遂杜門諷葉以終其身據胡如瀛撰傳○案張鳳閣即張鳴巖字雲窗嘉慶志表既誑妾爲妻又另載鳴巖幾作兩人今從刊誤更正

陳氏林鼎元妻守節自誓善事翁姑有堂伯欲奪其產逼令改適仰天呼號欲絕者再乃已乾隆間旌表乾隆府志

梁氏監生王繼華妻讀書知大義年十一父病臥牀禱侍奉數載無倦容後適繼華生二子而繼華卒營葬畢懷石投井家人驚救得免翁姑勸以養老撫孤含哀受命晝夜紡績以供菽水鄰婦憐其貧固勸改適梁泣曰婦人從一而終豈以貧苦易志乃舉刀截髮婦慚而退守節四十一

年乾隆三十二年　旌表據採訪冊

鍾氏三節孫氏鍾之藩繼妻年二十而寡撫遺孤昌敬昌敬年十七娶王氏甫半載而昌敬卒王年亦十七無子朝夕痛哭屢欲身殉族人苦勸乃止嗣子聞衣一名紹文年八歲撫教成立娶車氏未一年紹文復病歿車年二十二時王存而孫亦尚在寢食俱廢車爲節哀勉盡孝養後繼堂叔子如潮爲嗣孫卒年七十七王卒年六十六車卒年六十九一門三節乾隆間　旌表據採訪冊

蔣氏謝甯湘妻精女工並通書史能詩畫年二十二適蔣

甫一載夫亾矢志守節足不踰戶繼姪敢爲嗣卒年九十一乾隆三十四年　旌表稿補

趙氏王宏仁妻宏仁卒趙年二十三遺孤裕春甫四齡家貧翁老勤紡績以佐甘旨嘗篝燈伴裕春夜讀輒泣曰王氏一脈不絕如綫先世血食書香全賴汝矣守節三十餘年備歷艱苦乾隆四十八年　旌表稿補

陳氏監生李鼎妻幼通書史事父母以孝聞既笄歸鼎鼎銳志讀書得痼疾以歿陳年二十五痛欲殉時鼎姊適蔣亦孀居依母家泣謂曰李氏一脈賴爾腹中一塊肉奈何

总之陳爲節哀逾二月遺腹生一子兩遭回祿家業蕭條日以紡績治生躬自課子乾隆四十九年　旌表嘉慶志

沈氏周允貞妻歸六載而寡生子三值翁疾革刲股療之不數年翁復疾復刲股孝養備至翁年八十九以壽終後沈數有疾三子元孝元道元吉暨元道妻沈咸刲股以療及元道妻疾子建中偕媳張亦俱刲股和藥人咸謂孝節之報乾隆五十三年　旌表嘉慶志

徐氏王克明妻克明以苦學積疾死徐年十七慟哭自誓剔髮一縷殉於棺終身不衣彩不赴宴事舅姑孝撫嗣子

懋昭慈而能嚴治家有法内外咸服守節三十五載乾隆五十八年　旌表嘉慶十二年懋昭捐節孝祠田十畝以廣祀典且充祠内公資遵母遺命也嘉慶志

徐氏陳宗異妻事父至孝父年五十餘無子勸父置妾雖領之不果爲擇配泣對曰女無弟誓不適人父感其言納妾生子既歸陳舉二子而宗異死時年二十六慟欲殉父勉之曰汝夫死遺孤恃誰汝死是絕夫嗣也乃節哀營葬家貧紡績育孤時或餒有憐而周之者輒堅卻不受乾隆間　旌表嘉慶志

曹氏張思堂妻桐廬教諭應登女年十七適思堂三載生子潮堂游京師又六載以客死曹聞訃每哭輒死及柩歸終日不離殯所姑勸之始不敢死撫潮甚摯稍長即教之學篝燈紡績命潮從旁讀暑寒不輟事姑孝姑老病晝夜不去側守貞四十年即甚艱苦未嘗告命卒年七十五據諸以萊撰傳

王氏金其法妻年二十七其法卒遺四子長者纔六齡家貧或連日不舉火媒氏以爲困廹可誘也王正容對曰從一而終婦道宜然況藐諸孤作何存活遂截髮自誓媒乃

不敢復言及四子成立娶婦生孫每會食繞膝成羣人謂苦節之報卒年六十有五採訪冊據

陳氏張若瀛妻瀛嗜酒賴氏從容進言飲爲少減然積膈成疾漸不可治陳侍左右調養有年一日謂陳曰吾居無屋食無田死後攜子他適惟爾自便陳曰此禽獸事若夫婦則從一而終分也瀛笑而卒棺槨衣衾一無措陳哀請母家父憐之始獲殮日事紡績以養三子辛苦非所計也卒年八十有六嘉慶七年旌表據唐聖賛撰傳

陳氏王維岳妻年二十四夫亾屢欲身殉舅姑勸慰乃止

房中懸夫小像輒相向泣曰妾之不從君死者以君雙親老故也貞守終其身嘉慶志嘉慶八年旌表題旌冊○案表內又載陳氏王維嶽妻府志僅有維岳岳嶽俗通疑即一人刪之而附識於此

周氏陳我彭表作我彭妻年十九夫亡家窘甚日勤女紅奉舅姑得歡心及舅姑歿躬自兜土封塋苦守終其身繼姪爲嗣嘉慶十年旌表嘉慶志

胡氏謝伯元妻年十九適謝二十三伯元歿於疫遺孤聖垂方三歲復遭夫祖母喪夫弟仲亨與其妻又連日死寡姑悲痛不知所爲氏獨任其艱措置有方守節撫孤歷艱

辛者五十載卒年六十九嘉慶十二年　旌表據謝賜撰傳○案嘉慶志表一名兩載今删其一

某氏趙某妻婚時夫已病劇小姑代成禮是夕見夫於臥榻側已不能言以所常用折疊扇與氏遂逝氏哭之哀爲夫立後男子自七歲以上不得入其室子旣長娶媳廟見後氏病從容呼其子婦曰爲我袒左臂則故夫所貽扇已陷臂寸許至是人始知其事而氏死矣嘉慶志○案乾隆府志但書某氏某人妻與山陰陸世貴妻成氏頗相類嘉慶志作趙某妻或有所據

金氏倪楷妻年二十六而寡無子姑每與人言金孝輒至

涕零一日夜縫紉有無賴子撬門入金呼號哭詈乃驚竄卒年五十三乾隆府志

周氏三節朱氏周于玉妻玉早亾無子撫繼子一夔如己出終身不踰外戶一夔亦娶於朱生子价人而卒姑媳相依課价人成立爲娶潘氏以家貧遊陝客死潘欲自盡者再念姑老無子強起紡績姑死喪葬盡禮繼杜姓甥爲子卒年七十餘乾隆府志

朱氏周履旋妻履旋由東溪遷西南城外附郭而居朱敬睦上下人無間言及履旋卒矢志堅守足不踰閾凡族有

遺負未淸遭訟累者輒代輸之　旌表嘉慶志

竺氏徐連妻早寡遺子二女一貧無食日挑薺菜砍蘆柴爲生血淋漓十指間夜則篝燈紡績坐二子於旁課之讀貞守五十餘年嘉慶志

孫氏王志鎬繼妻會稽孫麟盛女年二十二歸志鎬志鎬負瘵疾婚月餘嘔血死氏號慟欲殉舅姑强起之繼姪望霖爲嗣事舅姑孝課繼子嚴切有方足不踰閾婢僕肅然嘗遘危疾子婦請延醫孫曰我未亡人也若不見我謁伯叔尚顏頳而令醫視我乎竟勿藥而愈居近曹江屢苦潮

患捐錢八百緡命坒霖董修無量橋閘邑人賴之嘉慶十
三年　旌表孫振綱道光辛卯舉人　據茹棻撰傳
王氏葉天一妻年二十四家失火天一因救父捧各宗主
被火焦爛死翁姑痛子喪無依輒廢食王斬指爲誓求翁
姑勿憂事奉克孝教子有義方　旌表嘉慶志
趙氏陳學大妻幼以孝聞母病籲天刲股以進疾頓愈年
十九歸學大克敦婦道每痛翁姑不逮事歲時致祭必敬
學大卒無嗣趙年二十七夫兄欲奪其志持刀欲自刎鄰
婦驚救夫兄慚憤析其家趙隻身苦守邀宗族爲夫立後

卒年六十五補稿

唐氏曹夢蛟妻青年守志饑寒交廹繼子先亾孫復不肖年八十餘竟以窮餓死備稿

沈氏黎靖九妻蘇州人靖九學藝於蘇遂娶焉家貧佐夫養姑克盡婦道姑卒歸葬家益落生子女各一皆幼而靖九死沈年二十八忍饑耐寒日則採薪夕則弄杼後子又死筋力衰疲不能自給寄食女家以終嘉慶志

楊氏趙秉茹妻性端淑夫以力學患瘵病革籲天求代及卒慟不欲生族黨以翁姑老孤幼相勸勉爲一啜粥束髮

稱未亡人未幾姑卒哀毀盡禮先是翁以子亡傷悼見楊孝慈勤儉綜家政條理秩然乃大慰曰與朋好嘯傲山水間飲酒賦詩其子樹元長亦能自立氏年五十一卒天台齊召南爲立傳　旌表嘉慶志○案趙琴楊氏傳秉茹作秉恕

倪氏庠生李懋德妻懋事親孝早世倪謹承夫志姑老多疾日侍湯藥歷久罔倦紡績撫育遺孤課讀成立年九十六

皇恩欽賜粟帛以節壽　旌表嘉慶志○案表作德懋誤

魏氏田疇妻疇卒氏年二十三誓不獨生欲割耳納棺中

諸婦奪其刃血已污面屢欲身殉勸勉乃止事姑三十餘載克盡孝道撫孤成立年六十三舊作年五十六據田氏譜改正卒嘉慶志○案田氏譜疇字禹範節婦表字名分列竟作兩人今删其一

賈氏李積功妻年二十八寡孝事老姑育孤子迭遭水荒米價騰貴賈以飯供姑已食糠粃而姑不知也生平不苟言笑年五十九卒嘉慶志

趙氏田浩然妻浩然歿無子趙年二十六抱屍痛哭誓同死屍目忽開時浩然母染疾謂趙曰予病若斯賴汝以不死汝死予必不生汝夫不瞑目者此也趙遂斷髮殉於棺

朝夕奉姑惟謹撫夫弟沛然成家後立沛然子爲嗣卒年六十三嘉慶志

田氏羅應蒙妻應蒙卒田年二十六家貧勤女紅自給時或絕食鄰家有饋薪米者堅卻不受後以壽終嘉慶志○案表蒙作豪誤

周氏徐承旭妻年二十四承旭卒子二先是其姑孀居家貧出傭於八積工貲娶周未幾母子相繼歿周痛姑之志乃鬻十指鞠孤屢絕食則閉戶餓終不告貸足不出戶者三十年迨孤成立及弄孫而終年八十四嘉慶志

徐氏王子才妻年十八歸王時子才已三十有六閱三年病歿徐撫孤誓守兄某謀奪其志矯母命勸歸徐覺其詐不往屢促之乃割臂肉付兄曰可持此一臠歸請母安訃遂寢卒年九十一（據王氏譜）

葛氏徐紹琪妻年二十三寡生子甫六月舅姑垂老家徒四壁堅志守貞舅姑病兩次刲股夫弟欲析居多方勸沮不聽遂成心疾臨危時猶呼其子進舅姑饌食也（嘉慶志）

計氏陳萬灝妻濮州人萬灝客濮遂聘焉疾亟而婚甫四日遽歿計年十四父母憫其幼勸再適計曰兒命不辰已

生死爲陳氏婦矣遂不遠數千里促裝扶柩歸日夕紡績以奉舅姑年八十三終嘉慶志

羅氏陳元勳妻年二十三而勳歿家貧甚歲復連饑羅勤紡績撫遺孤有時終日不得食飲清水數杯未嘗向鄰婦作乞憐語卒年六十二嘉慶志

吳氏庠生陳恆九繼妻年二十二夫亾遺孤甫三歲其母勸改適吳泣曰兒處保孤難耳饑寒困苦雖死不悔因斷其左手小指血淋漓下曰未亾人十指應不全也日夜紡績饘粥自給宗黨罕見其面卒年六十九子宏儒邑庠生

嘉慶志

徐氏陳搡邦妻年二十生子女各一子甫五月而搡邦卒忍苦守貞未幾子又暴亾志終不易及女長適林迎養再三堅不往後女年二十四亦無子寡始依女同居每歲時及夫忌辰必歸致祭年七十餘有販夫偶與並坐徐勃然變色販曰姥年老如吾祖母庸何傷徐曰男女有別豈以老幼殊耶販歎息而去嘉慶志

謝氏二節謝鳳輝繼妻徐氏及其子景燦妻章氏也徐年二十二寡舅姑在堂姑性尤嚴徐曲得其歡心章一以姑

爲師年二十六景燦疾革刲股以療不效事姑撫孤備極勞勤孤長遠遊不顧養姑婦兩人往往爨火不續怡如也徐卒年七十一逾年章亦卒年五十二表徵錄

阮氏朱協公妻年二十三寡生子二家酷貧出則作苦田間入則紡績燈下非禮之物一毫不取訓子尤有義方嘉慶志

王氏葉成彩妻名岱姑生子女各一皆幼而成彩卒王年二十四家故貧以竭力醫療營喪葬日益窘其姑强使嫁王向夫塋慟哭欲自盡遂不復强性温柔而力頗彊健忍

餓受寒日任男職夜勤女工養老字幼卒全其志嘉慶志

謝氏徐元德妻年二十九寡家奇貧衝寒冒暑採薪易米奉舅姑哺孤子而已時或受餓後以壽終嘉慶志

商氏監生陳雲史妻年十八雲史卒無子商矢志守貞終身不事膏沐不赴宴會勤紡績孝舅姑足不下樓鄰黨聞其節不見其面者五十餘載卒年七十六嘉慶志

朱氏謝麟妻年二十五寡姑以家貧欲奪其志氏曰姑老而失明遺孤方數月將何所依晝夜勤女工以給衣食年七十一卒乾隆府志

葛氏謝寀妻未婚寀得狂疾及歸殫力調護垢穢不辭年二十五寀卒氏以死自誓後病不服藥卒乾隆通志

許氏廣德州吏目謝偉才妾蘇州元和人偉才無子納許年已六十餘又十載卒許年二十六遺孤憲祁方七歲主母陳令他適許曰主人歷仕途有清聲幸獲此子天不絕其後而妾棄之是棄天且棄主也安貧矢志撫孤成立卒年六十有八據謝賜撰傳○案嘉慶志表妾作妻誤

倪氏監生陳應運妻知書習禮姑病疽潰見腑臟倪屬疏禱神求代疽遂痊越數年家病疫日夕偕夫分侍庶祖姑

與姑側旬餘二姑與夫間日卒倪扶病治喪哀毀盡禮時年二十八遺孤甫八月矢志撫養挑燈教讀己勤女紅年六十卒嘉慶志

任氏王時化繼妻生子宗柱甫十歲而時化卒家有庶姑老而聾惡親賈賺宗柱他出夜入其室任大呌哭詈四鄰聞知鳴於官令劉大暄旌其節曰履潔懷清據王瑗撰傳

張氏謝九錫妻年二十適謝越八載夫病卒臨危謂張曰汝無子奈何對曰有姪在忍使君絕嗣耶割臂肉示無他志遂以姪克俊爲夫後卒年七十餘據謝賜撰傳

金氏陳艮士妻年二十五生子二艮士死饑寒交廹日操男職夜勤女紅時長姒艮乾妻梁氏亦貧而寡且無子金以長子繼之相勵共守數十年無間言嘉慶志

趙氏陳奎光妻年二十二而寡事翁姑孝撫繼子慈孫經元捐置沙湖塘守望田畝嘉慶十四年又鬻產以賑饑餓巡撫阮元以義行旌其門嘉慶志

何氏陳其昌妻性端淑夫病瘵疾篤禱以身代卒不起時年二十七夫遺言孀婦不宜往來人家何謹誌之雖宗黨宴會未嘗預俗重巫覡有以燒香勸者不應或問其故則

泣然曰泉下人命予矣如是者二十年以疾卒道光三年
旌表據陳宏昌撰傳
徐氏劉魁一妻年十七歸劉逾年舅歿夫又卒痛不欲生念孀姑無倚不敢死未幾姑遺腹生子誠一徐欣然曰承祧在是矣家貧晝夜紡績事孀姑歷三十餘載誠一生二子徐以其長子堯德爲夫後嘉慶志道光七年旌表題旌冊
何氏羅富周妻富周卒遺二子俱幼家又貧氏矢志苦守賴緘纊所得課子誦讀後次子寶森入翰林改刑部主事道光九年旌表據採訪冊

陳氏錢學沂妻學沂客蘇州死陳年二十九遺孤紀勳甫五齡督課綦嚴家貧修脯不給以紡績佐之後紀勳由歲貢就訓導守母夙教有文名道光十七年　旌表備稿

鍾氏周世清妻婚一載而夫亾鍾年二十三姑已五十餘歲力勸翁納妾生幼叔三同姑撫養婚娶因得繼姪爲嗣道光十八年　旌表補稿

曹氏徐聞政妻年十四歸徐甫入門聞政卽病十餘日卒親族以未成婚勸之歸不聽後母家來迎將爲之擇配曹堅不肯行姑不知擇配也亦勸之曹哭曰媳去不返矣嗣

是遂不言歸室中置夫位飲食必薦之年三十二竟以處女終立猶子爲嗣道光二十一年　旌表據採訪冊

俞氏薛清標妻歸薛未逾月姑病歿晨夕哀號滴淚成血後事繼姑得歡心年二十三夫病劇告天願以身代卒不起遺孤三歲撫教成立每値祭享必竭誠備物卒年五十二道光二十一年　旌表據題旌冊

陳氏庠生趙對妻年二十八對卒家貧無子與姑相依姑病嘗刲股和藥得痊厥後姑歿伯叔置之不理喪葬陳獨任之欲撫伯叔子爲嗣俱嫌其貧不允日勤紡績刻苦自

守卒年七十有五嘉慶志參錢玫稿 道光三十年 旌表闡幽甲錄

王氏陳饜書妻饜書貧不能娶親黨醵貲成禮朝夕所需出王十指間不一年饜書死饜書兄利王聘財勸之嫁不許私與媒氏約詭稱王母疾以肩輿迓王王詰之得實閉戶號慟不食者四日志在必死饜書有族叔石諧者聞而往詢之泣曰饜婦誠不愛死特不敢以不良死俟餓死以全軀殼而已石諧譬慰再三始勉啜漿水其年爲雍正丙午石諧鄉試得雋力庇其生後諧病歿王與諧妻相依作苦以迄於死表微 道光三十年 旌表闡幽甲錄

顧氏二節顧懋忠妻張氏及其子敏政妻羅氏也張年二十五夫亾遺孤敏政方三歲長爲娶婦閲十年生子方儒而敏政又死羅年二十九故儒家女素不諳織作張教督有程不令預家務及宗黨慶弔往來事羅亦甘之或誚其過苛張不辨也遠方儒授室張始假詞色而羅亦以節著張始喟然曰守節何易言惟耐勤苦則志益堅定耳聞者韙之表徵錄道光三十年旌表闡幽甲錄

金氏陸時蘭妻蘭遇虎悖死金事舅姑六七年舅歿姑老悖聽族人言日逐令改適金欲自殺其子持而號因謂其

人曰爾逼余嫁不過圖身價耳今死汝前則價不可得明矣其人懼姑亦自悔貞守六十八年乾隆府志道光三十年旌表闈幽甲錄○案備稿據採訪事實稱陸時蘭妻金氏年二十六守節撫三子泰塋能晝夜紡績卒年六十有九與此語頗不合附記於此

陳氏呂再陽妻奉化訓導兆成女適呂四年夫病殁嫠居矢志家在野田中一日偷兒入其外室陳秉燭治女紅若不聞者少頃攫物以去婢請其故曰我寡婦也汝又不能追捕倘呌呼而救者不至所失豈止財物耶婢歎服表微錄道光三十年旌表闈幽甲錄

謝氏周國器妻年二十三寡遺孤又殤事姑孝姑病革爲刲臂肉和藥進之獲瘳又十年姑以壽終氏無可嗣歸依母家母死爲尼庵傭媪以終表徵錄　道光三十年　旌表闡幽甲錄

錢氏謝品和妻餘姚人年十九適品和品和善病越數載卒未葬適鄰家火舉室走避氏伏柩痛哭火俄滅時年二十二矢志守節以姪爲嗣事姑勿懈卒年七十餘據謝賜撰傳　道光三十年　旌表闡幽甲錄○案謝氏譜品和名旭嘉慶志字名兩載今刪其一

車氏監生曹赤蓮妻孝事舅姑姑將卒以兩小姑付之親

愛如同產越六年而亦蓮死遺一子二女舅因喪子病劇車乃節哀與兩小姑侍疾晝夜不懈舅見人輒掩涕曰孝婦年五十四疾革以不得終事其舅爲憾時舅年已八十有三矣表徵錄　道光三十年　旌表闡幽甲錄

沈氏候官巡檢陳侗繼妻娶未期侗卒於官沈年十七盡賣衣飾歸侗喪力女紅以養老姑家貧無爲後者苦節六十年卒表徵錄　道光三十年　旌表闡幽甲錄

徐氏聞友瑞妻婚一月友瑞商於外越十二年病歸死徐痛聞氏無後賣嫁時粧爲翁置妾生子月餘翁姑相繼歿

徐襄庶姑撫孤叔成家表微錄道光三十年旌表闡幽甲錄

陳氏葛繼緒妻年十四適葛生子廣文甫一歲夫死姑相繼歿舅令改醮不從乃囑無賴子百方誘脅卒不爲動日勤刺繡以給養久之舅爲感悔廣文性篤孝陳病危刲股肉入藥陳少瘥而廣文死陳亦旋卒表微錄道光三十年旌表闡幽甲錄

葉氏謝學峰妻婚月餘夫死父母舅姑勸改適以死自誓姑勸益力葉請立夫後然後嫁舅從之父爲擇配氏曰向以兒無依爲兒遠計今兒有子矣父何慮孝事舅姑終不

還母家表徵錄道光三十年旌表闡幽甲錄

劉氏庠生倪綸妻綸故貧癖愛書修脯所入輒付書肆暨卒遺孤二皆幼劉忍苦自勵會歲歉日不能舉火或勸鬻書易米劉曰我夫一生精神盡寄於此甯餓死不忍棄也每歲除懸夫像出篋中書涕泣陳之課子讀具有程則表徵錄道光三十年旌表闡幽甲錄

陳氏監生顧梓妻庠生予佶女夫亡陳年二十五事姑以孝聞處妯娌如姊妹終身無間言課繼子孝先養教有方每夜讀必紡績以待不佞佛不與宴會非弔死問疾不一

過親黨衣素茹蔬以終其身卒年五十一補稿道光三十年

旌表闈幽甲錄

胡氏庠生俞翹慶妻年二十適俞事翁姑孝庶姑趙又多病侍奉惟勤翹慶以力學卒胡年二十九兩姑相繼歿夫弟纔弱冠婚喪祭大事皆氏力任之撫三子鈞笙篪俱成立道光三十年

旌表備稿

馮氏宣斐章妻年二十七夫亡家貧遺孤二皆幼兄弟私謀改嫁氏覺絕足不往母家饑則乞食哺子艱苦自守道光三十年

旌表備稿

胡氏王必達妻年二十七而寡家貧姑老二子尚幼或與言嫁胡以死誓曰姑老子幼我去誰與爲養織履易食以飯供老姑而已食糠粃生平不苟言笑足不踰閾鄉里賢之道光三十年　旌表據採訪冊

趙氏單文軒妻年二十四夫亡遺孤朝宗僅歲餘家無隔宿糧晝夜紡績忍餓苦守旋子長娶婦且生孫而子婦又同年病死晚景更苦嘗代尼媪誦經謀食哺孤孫殆苦節中之僅見者道光三十年　旌表備稿

顧氏沈炳文妻幼讀書知大義年二十適炳文逾年炳文

死不數日夫弟景文又死顧痛甚廢食臥病以翁姑老起盡婦職明年翁疾篤刲股禱神求以身代竟不效又數日姑亦病卒時存者僅幼叔寶三矢志撫育冀延一綫閱數年寶三又死由是積憂成疾臥病十餘年親族爲立繼以延其祀道光三十年

旌表備稿

丁氏厲伯吹妻年二十八夫亾家貧無子敬事舅姑常以鍼黹所出佐甘旨時或枵腹忍餓卒年五十道光三十年

旌表備稿

張氏葛譽章妻年二十五夫卒氣纔絕張嚙指誓死血流

衣幅夫復甦曰吾知汝能殉節但宜爲吾立後張遂撫姪蘭守節每夕與姑同寢奉姑四十六年卒年七十二道光三十年　旌表備稿

林氏葉宗珺妾年二十五歸宗珺次年宗珺卒主母憐其少令他適林泣曰妾雖微賤廉恥一也誓死不去事主母如母旋主母亦亡爲主立後娶婦繼子死又撫孤孫仰事俯育終身無安閒之日卒年七十三道光三十年　旌表據採訪冊

嚴氏三節嚴日華妻顧氏及其子桂妻董氏孫嗣振妻徐

氏也日華名湘婚九月而卒顧哀毁骨立以姪桂爲嗣終身縞素事舅姑撫繼子孝慈兼盡桂方成立中道又殂無子董年二十二偕姑守節情同母女繼堂姪嗣振爲夫後娶徐氏嗣振出就業未半載得病歸遽卒又無子徐年二十一或憫其少艾諷使去徐對曰邁年嫠姑誰爲奉侍去而生不若守而死遂安貧自矢孝事邁姑姑歿竭力營喪葬悉如禮一門三節八無間言顧董俱　旌表徐現年六十五據採訪冊

王氏陳廷椿妻廷椿事親孝得王內助鄰里無間言不數

年廷椿卒氏年二十二遺孤尚配在襁褓撫育維艱幸成立且娶婦矣而尚配又暴卒媳王氏遺腹生子翰壽亦卒家貧至不能舉火日夜操作爲孤孫乳哺資朝夕焚香祝曰必佑此子無使陳氏鬼餒翰既長力能養其祖母王始喜曰吾今有以見地下矣後翰生孫王猶及見壽九旬餘旌表據採訪冊

顧氏謝五十妻年十九而寡有姪九五年長爭繼顧呈縣稱年長於母名理不順繼年少者爲子既服闋值元旦仍素服宗長怪問之答曰未亡人有終身之服安可改吉補調

陳氏陸繩標妻年十八適陸姑本無出繩標其繼子也越一年繩標卒且無子父母逼氏歸勸改適氏以他辭急返姑疑之氏力白願誓守無悔事姑孝姑歿益作苦紡績儉粥飯至每食不飽値姑之戚屬至則必具雞黍以待曰吾見姑之戚如見吾姑也補稿

嚴氏陳允信妻二十七歲寡子幼家貧舅姑皆未葬嚴積女工資力爲營墓後子又亾孫未成立衣食常不自給以苦節終補稿

周氏陳塈茂妻年二十五而寡遺孤在繈褓撫至七歲爲

鄰媪誤以沸湯沃死媪懼賂周周卻之曰兒不幸死於非命天也以子市利吾不爲且吾紡績足以自存苟徇利違天何如早嫁之爲得耶夫兄望華憫其無嗣以巳子學功繼之卒年六十有六補稿

董氏夏際盛妻二十二歲寡事舅姑孝年五十時有孤燕巢其室不與衆伍人咸異之補稿咸豐五年旌表題旌冊

趙氏陳維淦妻淦卒趙年二十一越三日生遺腹子一時舅姑年俱五十餘因子亾積哀成疾趙侍奉湯藥十餘年并強爲歡笑以解堂上憂遺孤亦多病多方調護始得成

立戚族有貧乏者輒周給不吝後孫媳張氏親炙徽音嘗刲股療趙氏疾人謂積善之報咸豐八年　旌表據採訪冊

錢氏杜作相妻年十七適杜未三載而作相卒錢痛絕復蘇舅姑乏嗣勸舅納妾生一子姑卒代爲撫養躬勤紡績足不踰閾繼姪爲嗣卒年六十有六咸豐九年　旌表據採訪冊

周氏錢日鶱妻會稽周熙亭女年二十四歸日鶱初日鶱以力學病瘵婚有期益危篤父母欲使人婉辭氏以爲非義乃止合巹之夕即親侍湯藥衣不解帶者三閱月及卒

哀慟幾絕親族爲立嗣以慰之守貞三十二年以處子終

咸豐十年　旌表（據採訪冊）

何氏監生王杲妻杲卒何年三十歲撫孤守志僕婦傅朱氏者亦早寡數爲饑寒所廹將改適何周恤勸止之竟以完節終卒年六十五同治四年　旌表（據採訪冊）

沈氏三節陳氏沈美初繼妻夫病瘵陳侍湯藥晝夜不懈三年如一日及卒陳年二十七誓不欲生姑金氏（丁錄作陳氏據採訪改）慰諭始止同治元年賊入村陳覓肩輿勸姑速行已步從遇賊刀砍血流被面暈絕復蘇尋至姑所傷重不愈

延至三年九月卒年五十四其姒張氏本初妻娣林氏秀初妻並年二十八而寡以完節稱同治間　旌表闡幽丁錄

趙氏沈廷圭妻九歲失恃母弟三人惟氏是賴年二十三適沈未及二載夫卒毅然矢志繼姪均爲嗣事翁姑克盡孝養辛酉之難米珠薪桂翁病逾月氏脫簪珥醫藥盡心調治得痊夫弟及其婦俱亾遺孤二飲食教誨不令失所卒年七十有七同治九年　旌表據採訪冊○暨陽陳遹聲題趙節婦遺像詩樂府新翻寡鵠吟篝燈晝荻夜沉沉若耶溪水明於鏡照出平生一片心千年彤史此遺珠芳蹟還從畫本摹慚愧我無中壘筆瓣香空拜禮宗圖

張氏王士浩妻年二十六士浩卒縞素終身不御羅綺有豔其色者啗媒媼求娶氏斷左手第二指以矢翁病篤刲左臂肉和湯以進翁食之愈越十五載病復作仍刲左臂療之因有舊傷另易一面誤中脈傷重而死年四十三翁病即愈壽至八十八歲人謂孝感所致同治十年　旌表闡幽　丁錄

曹氏二節錢氏曹建標繼妻年二十八夫卒堅志厲節不出閨閫事舅姑孝處妯娌和鄰里困乏者濟之有積券力不能償者焚之撫二子成立貞守二十六載子永堃亦娶

於錢永堃卒錢年二十八偕姑守節卒年六十一並　旌
表據採訪冊
謝氏二節袁氏庠生謝岑妻岑卒袁年二十九矢志守節
性尤孝翁病刲臂和藥病得痊姑患濕瘡滿頭潰爛髮膠
一片略舉手痛不可耐氏含藥和水吮之逾月始愈同治
十二年　旌表岑弟尌娶拔貢生顧璪女未踰年而尌卒
顧年二十三無子繼岑子龍光爲嗣顧能詩尌歿後不復
軱吟詠年三十卒據採訪冊
章氏二節謝氏章士松妻未適章而士松病亟及期扶掖

成禮未幾卒謝年十六哭泣盡禮以大義自矢事姑朝夕不怠姑卒總持家政内外肅然家有三喪未舉窀穸之事皆出其主裁嗣子震娶何氏而震又亾煢煢姑媳門無長男乃繼子程以襄家事復爲何繼孫崑玉何善承姑志謝尤相倚爲命撫嗣子崑玉成立孀居俱五十餘年先後

旌表據王璲撰傳

潘氏三節潘世熙妻趙氏暨弟世壽妻蒲氏壽之子載華妻沈氏也熙壽俱國子監生拱辰子拱辰卒妻葉年四旬二子弱小家綦貧葉撫之成立不幸並蚤世熙卒趙年二

十五無子嗣子鳴岐又病廢趙茹苦以奉孀姑終姑養三年而歿年四十有二肅卒蒲年三十子二長即鳴岐次載華守節三十年年五十有九先是載華已死遺一子炳南沈年二十有六家屢空沈以女紅供姑菽水且撫育其孤姑疾累月營醫藥周至及歿葬如禮明年夫兄鳴岐歿沈爲安厝艱難支拄數十年如一日俱光緒七年　旌表據潘衍桐撰傳

何氏監生王友之妻年二十四友之卒哀毀不欲生姑許勸之曰死節易存孤難汝子稚無汝何以成立始起强飯

未幾子又夭何不食者三日姑又慰之爲立嗣事姑益孝好施與戒牲殺勤儉持家者二十餘年卒年四十有六光緒十二年　旌表據採訪冊

許氏沈榮培妻夫卒年二十三無子遺腹生一女適徐學良亦早寡許孝事翁姑翁姑歿撥田祔食於祖並捐入節孝祠田四畝佐歲修焉年八十卒光緒間　旌表據採訪冊

趙氏李廷璋繼妻廷璋卒趙年二十五家貧姑張氏老且病氏勤紡績以佐甘旨而已時或受餒生平言笑不苟歷六十年如一日壽至八十餘據採訪冊

朱氏夏豹妻年十八歸夏未數月豹溺死姑憐其年少無出且迫於饑寒欲遣嫁朱毀容誓守藉十指以奉翁姑始終不易其志卒年五十餘據採訪冊

俞氏何玉池繼妻玉池以同知分發湖南攝理新甯縣事未幾卒宦橐如洗俞歸何甫一載年二十九艱於食乃授蒙童讀賴以自給伶仃苦守至老不渝卒年六十有九著有綠窗吟草據採訪冊

朱氏張善貴妻夫卒朱年二十七家綦貧採薪刈草孝事邁翁一日翁曳杖出突遇瘈狗傷其足倉卒不可得藥朱

不辭穢毒跽而吮後卒無恙守節二十七年據採訪冊

連氏嚴秀貴妻性剛正年十六歸嚴閲三載夫卒子又殤家貧苦守有無賴子戲以言厲聲叱之里中某媪數勸改適連作色曰烈女不事二夫毋多言嗣是與媪雖朝夕見非正事終身不通一語卒年六十歲據採訪冊

葛氏高志林妻志林卒葛年二十六遺孤甫七月翁姑老病家無隔宿糧或勸之嫁葛大慟曰襁褓中一塊肉不可重累高堂且懷二夫心亦非義負薪易米奉舅姑撫子怡如也年七十二卒據採訪冊

陳氏王吉慶妻夫早死無嗣家又貧父母與姑憐其穉令
改適陳誓死不允勤操作以養姑歲饑或終日不炊而奉
姑甘旨必備性廉介村中發社倉賑濟給以粟堅辭不受
人益重之據採訪冊。陳洪昌題王節婦詩寒燈紡績奉病姑夜雨夢魂哭蘼蕪會到九京心事畢一靈往來游太虛黃鵠矯矯天外飛孤雁嗷嗷雲中啼形單影隻渾不覺從容就義或庶幾
周氏萬福貴妻性沈毅夫故未百日族人欺其弱得某賄
劫入輿舁至某處逼令交拜氏哭拒不從折燭擲地并毀
其器物入室舉鐵剪自刺旁人持之力氏憤甚即以剪刺
人某懼始備輿送歸時氏已有娠彌月生遺腹子一家甚

窘貧兒行乞而以夜所紡績資供姑膳姑歿量力安葬後撫子成人家稍裕得娶媳焉年五十三卒據採訪冊

倪氏陳奕堂妻年二十二適陳未一載夫卒引繩欲自絕父與翁力戒之曰汝已娠身或生男夫即不死氏勉承命然屢於窗地暗泣翁雇鄰媪防護勸之食不答食或但啜粥糜如此者累月孕幾殆彌月幸舉男始篤志撫養劬勞備至事翁甘旨不缺翁病侍奉湯藥目不交睫歿喪葬無失禮守節三十七年據採訪冊

金氏杜文美妻婚數年不育勸夫納妾未幾夫病瘵死妾

他適撫伯子爲嗣零丁孤苦矢志不渝兵燹後廬舍蕩盡治一室長齋禮佛垂三十年自知死期沐浴端坐而逝據採訪冊

李氏王欽泰妻歸李未一年夫卒無子勸翁續娶閱三載生夫弟來泰翁老且病家中落四口嗷嗷賴氏傭工以養翁歿喪葬無失禮後疾病自知不起告族黨以所積貲置祀田並爲叔娶婚延翁姑嗣卒年四十有六據採訪冊

符氏盧茂和妻幼字盧年十五粤匪告警父迓茂和至家完姻越數日匪入境茂和遇害符痛哭四晝夜不獲屍思

自盡從巖上撲入溪壑肌膚盡裂身亦僵翁姑救之始甦守節十八年不出戸庭至三十二歲卒據採訪冊

任氏徐廷燦妻幼喪母父死於寇繼母性悍未十齡迫令習井臼事稍拂意痛施笞責年十六歸燦燦病瘵不數年卒姑與母性相若逼令改適氏往投其叔駿駿令依祖母沈以居姑卒始歸翁亦旋歿以夫兄次子爲嗣卒年三十有七據採訪冊。已上節婦

案人非蓋棺無由論定晚途失志遂喪生平此爲男子而言也若夫姬姜憔悴貞木將枯風燭殘年冰霜詎改

揆之於義例可從寬然而竟錄生存究乖體製附之簡末庶無戾乎謹就採訪所及得孝女貞女之生存者若干人貞婦節婦之生存者若干人連綴書之以備後之修志者搜采焉

龔貞孝女名企蘭庠生占梅女通書史因父久病遂精岐黃術又以二親年老矢志不嫁邑侯唐書孝比北宮匾以表之又爲之請　旌焉見年五十

李孝女禹美女未遇父歿母朱守節撫孤女年十五兄又卒遂矢志事母不嫁見年五十七同治十年　旌表

鄭孝女名鳳姑鳴臯女父早歿母顧患瘋癱眼

食需人矢志不嫁以養母見年五十一同治十年　旌
表　呂貞女名昭姑呂夔次女年二十三父母相繼歿
有弟甫四齡因矢志不字撫弟成立見年五十三　李
貞女名順姑萬和女幼字龔長生未嫁長生病亟女於
龔本中表乃謂母曰女雖未嫁名義已定願往母舅家
一見之母與俱往卽親侍湯藥衣不解帶者月餘長生
卒服縞素誓守節以母老奉母以居見存　徐貞女名
淑貞照亭女親老無子矢志不嫁願侍父母終身見存
　貞婦胡氏儒士錢作霖聘妻庠生景烈女幼知禮節

咸豐辛酉賊竄虞作霖遇害胡聞耗痛絶顚過門貞守
時翁增生燮鼎已歿姑曹慰諭再三令改字堅執不從
家貧紡紝自給事姑孝姑歿哀毁三年無笑容現年五
十有五　蔡氏監生袁晉聘妻翰林院編修壽祺女字
侍郎希祖子晉咸豐庚申冬侍郎卒於任明年晉自楚
奔喪亦以勞歿先是夷氛逼京師侍郎請於蔡將迎娶
氏以母服未除執不允至是聞訃欲身殉既念侍郎無
子死不足塞責乃登門守貞繼姪嘉麟爲夫後年未周
晬撫教成立初氏與晉同受業於蘄州黄翔雲工吟詠

自守志後遂絕口不談詩現年五十歲　節婦童氏謝
珩繼妻嵊邑舉人瀚胞妹婚有期珩患病醫藥罔效請
改期於瀚氏不可遂適謝珩病益劇越三十九日卒時
三代重慶氏恐傷老人心含淚飲痛元配錢遺二子一
女撫如己出同治五年　旌表　錢氏王泮妻國子監
典籍徵智女性淑愼有智慮年二十歸王甫百日夫卒
痛不欲生父母力勸始强起以婦代子得翁姑歡未幾
夫弟崑源卒翁乏之嗣勸翁納妾生叔慶雲甫四齡翁歿
明年姑又歿錢力襄庶姑撫叔周至庶姑少錢一一歲貧

素怯家政皆錢主持家故多外侮錢周䘏貧乏鄉里感其德豪暴者亦爲斂戢生平好義舉先後捐入節孝祠田五畝有奇併遵翁遺命捐資修王氏譜及重建宗祠八目爲女丈夫立叔子家槐爲嗣同治十二年　旌表

符氏虞東耀妻東耀卒符年二十七族儻某利其年少多方逼嫁符斷指自誓繼懼不獲免乃闔戶自縊氣絶一晝夜復蘇後某敬畏之不敢復言家綦貧苦守終身誦經度日現年七十三　陳氏王本源妻年二十三而寡遺二女無以謀生乃販老小鹽日倚市門而心如

鐵石人不敢亂以詞嫁二女以禮繼姪爲嗣現年六十有八　李氏項泉元妻年十五適項夫病羸家貧甚氏負薪貸米夫賴以養性沈介無妄言遽色佽以錢不受曰吾惟食力而已夫卒艱於食傭工撫孤歲時必歸祀先人積值十餘年禮葬其翁姑與夫與父母置祀田焉

趙氏陳秉仁妻同治壬戌秉仁遇賊不屈死子女殲焉趙扶翁走匿山中既免斂夫屍哭曰妾不難以一死殉顧翁老門祚且盡未亾人無所逃其責翁亦哭悲不自勝於是治舊廬賃傭人耕作歲餘業漸復勸翁續姑

翁年且六旬自分無子執不可再三請乃許先是氏隱囑媒爲翁聘鄰村厲氏得請卽卜吉娶厲婦事之維謹舉一子翁尋卒厲感婦賢亦安焉及厲子長爲娶婦生子二遺以其長洪羊爲嗣現年五十有八　沈氏王恩詔妻沈遠濱女幼聰慧舉動有範年二十七歸恩詔事姑孝御下有恩內外無間言逾歲寇至避難山村恩詔得渴疾且死執氏手訣曰若無子必爲我立後死瞑目矣哭慟之終夫喪遠濱憶女逆歸留養其家歲省姑饋遺不絕夫仲弟娶婦數年病不能育將離絕之氏聞趣

語仲責以大義仲慚服婦得不棄竟生三子乃立仲長子繹成爲夫後現年五十有七　魏氏徐方卿妻魏夢傳女也方卿祖籍山陰父乾華始家於虞方卿卒氏年二十四族屬盡依父而居長齋奉佛父貧弟業傭販氏以鍼黹佐之與弟婦共操作常爲人治縫紉迨夜必返雖風雨未嘗宿主家初氏少寡嵊邑人李三用張某計會大水强刼以去氏父弟不知也中流躍入水衆疾救得不死載至家逼之百折不辱既弟率族人蹤跡至李移匿他所是時已絕粒七日聞外援至始少啜糜族人

徧索女信宿得還而李潛遁縣令余庭訓廉得狀下張
於獄嘉氏節慰諭之　傅氏職員陳善慶妻年二十一
適善慶生一女而善慶卒傅年二十五性純孝姑患乳
癰礙施刀圭終歲吮其膿血觀者欲嘔而氏夷然現年
五十有一　茹氏徐元鳳妻餘姚茹貴女夫早故曾爲
翁刲股療疾守節已四十年年七十三光緒元年以孝
旌
又案乾隆府志引東山志曰宋汪僧一之女長名寶蓮
受劉義門聘次名淨蓮受李莊簡孫聘劉李二壻相繼

死二女私誓曰吾等雖未成婦然受劉李聘不可再許矢志苦守終身歿世無玷頭白猶然處子姚人咸欽重之云云嘉慶志遂列於貞女之前此雖受虞人聘竝未成婦於例當刪但思爲虞人守志亦不忍竟沒其名附誌於此復有類此者二人併錄之其一戚氏女餘姚人陳含功聘婦也含功往滇南幕十四年無音耗女父母相繼死依兄嫂生計漸窘遣人請於含功兄謀歸陳含功兄以貧不許久之有自滇南歸者傳含功已死親族勸攺適女泣涕自誓又數年兄嫂益困稍稍厭之遂自

縊死見陳步雲撰傳其一揚州人顧錫玠聘妻未娶而錫玠卒氏居母家守志不再嫁見顧氏譜皆國朝人嘉慶志又載翟素王翊女翟温州人王餘姚人竝與虞無涉皆削之

上虞縣志卷十五　列傳十一

上虞縣志　卷十五

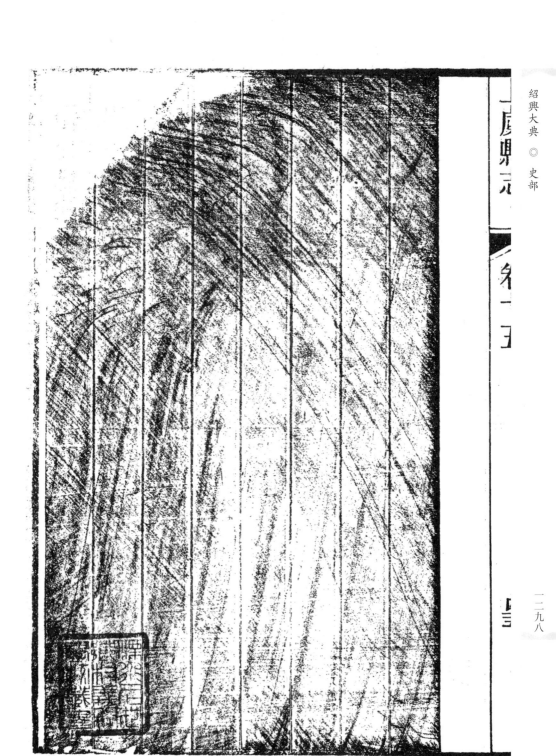

上虞縣志卷十六上

列女姓氏錄事蹟寥寥或全無事蹟者入
此節婦較夥例見節婦條下

孝女

國朝

鍾女○案舊志無鍾孝女傳表注有傳誤
右據嘉慶志

錢大姑附貢生錢穀女年十六母病刲股療之不效母卒
哀痛欲絕後適山陰徐氏未　旌

金女父早喪年十七母病革刲股和藥以進母遂瘳後歸
季鑑堂未　旌
右據補稿

馮氏二女星聚女父早卒兄亦早喪母董多病弟姪俱幼
二女約事母助嫂撫養不嫁

陳十姑秉禮次女親老弟幼女代子職終身不字

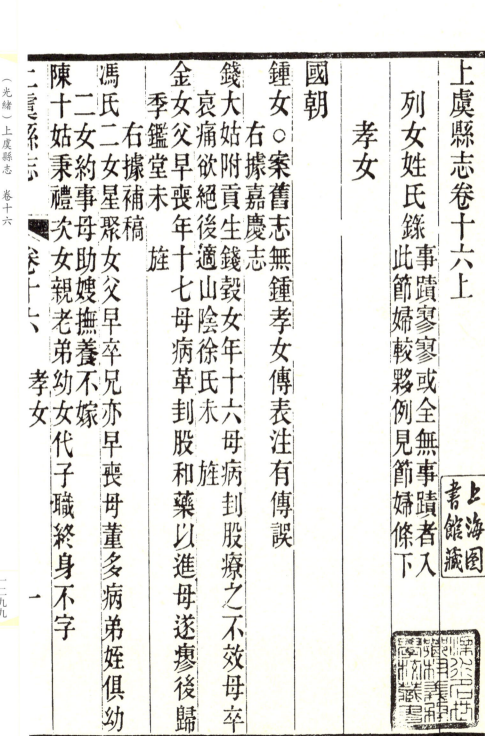

顧氏成德長女性剛執以父母無子誓終養喪葬祭祀皆
身任之○已上皆道光三十年　旌見闡幽甲錄
右據備稿
楊安姑帝臣女父早卒無兄弟守貞不字養母終其身母
張病刲股和藥得愈年四十五卒光緒七年　旌
右據闡幽錄
盧女炳春女母病劇刲左股以進後歸王心臧未　旌
右據採訪冊

烈女

國朝

王昭姑應昌女　周增姑濟美女
車廿二姑一寶女年二十餘未嫁咸豐辛酉賊至投池死
陳荷姑如桂女　章桂姑仙才女
丁榮姑啟賢女　陳陳姑佩營女
丁益姑兆立女　徐雲姑原名福姑孝元女
嚴小姑春榮女　丁福姑載松女

張氏二女思君女長名大姑次名春姑
宋文槩女　徐招姑廷榮女
葛小姑昌明妹　丁八姑望有女
丁女長延女　陳女阿來女
丁氏二女松林女長一姑次二姑
徐多姑　徐大姑
周蘭姑　周三姑
顧明姑　顧雲姑
曹雅姑貢生日昇女同治壬戌賊至赴水死年十四
陳大姑陳康女○已上皆已旌

右據忠義錄

徐氏二女徐春舫女　顧福姑顧大女
單增姑單大女　羅大姑羅來女
韓增姑小二女　傅女周榮未婚妻○已上皆已旌

右據縣冊

夏有姑幼字朱忠發未嫁同治元年賊逼汚不從以鎗斃之

丁二姑尙志女同治壬戌遇賊奪賊刀自刺死

錢福姑廷楨女矢志不嫁同治壬戌被執不屈死年三十二○已上皆未旌

右據採訪冊

貞女

國朝

曹女

顧女○案府志貞女表註與曹女並見縣冊皆已旌舊志失載今補入

右據乾隆府志

李五姑進士李祥麟女字山陰任氏未納采而任亡姑年纔十四郎以大義自誓養父母終其身未旌

顧女字楊德未婚而德死女守志終身乾隆十一年旌

右據嘉慶志

吳朝雲世澤女康熙間人少失怙恃事虞林氏爲義母侍奉終身未旌

右據備稿

陳小姑琪兆女矢志守貞卒年六十八

陳六姑舉八洪昌女孝養父母終身不字光緒二年卒年六十四

盧女庠生之光女字厲名揚未嫁厲卒時女年十七即矢志守貞同治八年卒年三十八○已上皆已旌

張大姑揆肅之女字葛氏婿殤不再字年七十三卒

悦和錢必美妻姚氏婢也矢志不願嫁姚氏卒即托迹佛菴誦經茹素以終其身

李氏鼎元女字會稽邵其楠其楠殁矢志不字奉母以居母殁後歸邵門守節

章小姑穎秀女賦性清潔守貞不字年七十卒

余三寶泉源女未嫁夫卒矢志不再字卒年四十

王八姑必忠女守貞不字足不下樓

丁四姑乾來女

丐戶陳五姑萬國女字戈氏戈被匪擄久無音耗父母欲改字姑矢志不再孝養終身○已上皆未旌

右據採訪冊

孝婦

明

王氏謝奎妻事姑至孝壽至九十有一
右據補稿
楊氏丁權妻明季遇難負病姑以避
謝氏丁文協妻翁病刲股和藥以進
陳氏丁喬妻歸丁甫浹旬翁病刲股和藥以進
右據採訪冊

國朝

顧氏陳嵩楠妻事翁姑至孝未旌○案氏舊入節婦表
今列此
右據府志
陳氏田宗道妻姑病瘋宛轉牀褥飲食溲便不能自動氏
不避腥穢服勤者十餘年未旌○案氏又見節婦表
今刪歸此

右據嘉慶志

賈氏王景祚妻年二十一歸景祚甫三月而翁病氏情急奮然割股以進未旌

陳氏謝儒剛妻姑暴病氏割股以療不瘳氏終不言後夾子友爵見其瘡痕始悉其事未旌

右據補稿

謝黃氏

右據縣冊

周氏錢師聰妻事姑盡孝姑疾革焚香禱神刲股以療姑疾遂瘳

徐氏劉丙也妻姑病百計求禱無效乃刲股以進病竟愈

葉氏徐錫介妻姑病刲股以進○已上皆未旌

右據採訪冊

烈婦

明

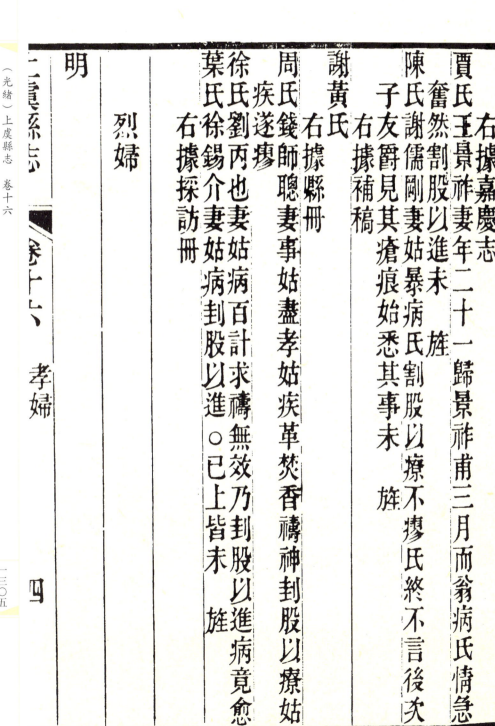

張氏趙德遴繼妻德遴官東鄉令崇禎乙酉夏城破氏與德遴并德遴妾陳氏同投井死皆謚節愍家屬同殉者又十四人

右據越殉義錄

凌氏李浩然繼妻崇禎甲申浩官千總守保定力戰陣亡氏遂投井死

右據嘉慶志

國朝

許氏陸汝含妻年二十夫卒無子終夫服闔戶自經未旌

袁氏徐裕士妻婚未及期夫病死氏以頭觸柩誓不獨生不食者五日防護稍疏竟投門外池中死時年二十一闡幽甲錄道光三十年旌

黎氏章紀妻紀死於水無子或有勸之嫁者氏懼不免遂仰藥死未旌

徐氏丁時妻時亡氏方少艾誓不再適屢遭强暴百計凌

辱卒以不屈死未　旌

右據嘉慶志

覃村婦從其夫乞於江上夫有異志義不忍辱而死王登墉有覃村婦絶命辭載文徵未　旌

右據補稿

陳氏俞守定妻守定死無子喪葬畢置酒徧邀族人託以後事即局戶自經闔幽甲錄道光三十年　旌

右據備稿

徐氏錢瑨秀繼妻○採訪冊瑨秀卒矢志守節咸豐初以節孝　旌辛酉之亂被執不屈死

謝氏宋文光繼妻同治壬戌賊至侍病姑不及避墮樓死

俞氏陳魯眉妻同治壬戌匪擾恐被辱常以刀自隨後遇賊竟刎頸死

張氏葛攀龍妻同治壬戌賊至以病姑在牀不忍去賊逼之奪賊刀自割死

張氏宋應培妻夫故守節同治壬戌避賊餘姚山中忍餓五日死

張氏姚如鑒妻與如鑒弟婦許氏徐氏同死難

方氏監生胡德奎妻與德奎同死難
劉氏陳佩勳妻與媳姚氏同死難
莫氏朱阿四妻與子茂森同死難
齊氏郭思兆妻與子三人同死難
壽氏章宏義妻與子同死難
陶氏丁學栢妻與子春林同死難
張氏王聖忠妻與子同死難
葉陳氏與媳唐氏孫女某同死難
周氏葛昌明妻與昌明弟婦姚氏同死難
童氏王日進妻與子同死難
羅氏曹寶妻同治壬戌赴水死子亦死難
壽氏丁萬化妻與子同死難
陳氏王世英妻與子同死難
張氏陸殿政妻與子佩芳同死難
陸氏葉光華妻　謝氏朱作梅妻
趙氏葉開訓妻　陳氏趙夢來妻
羅氏陳信標妻　沈氏陳昇高妻
余氏張玉殿妻　夏氏謝金樹妻

余氏金夢周妻　黃氏王金龍妻
陳氏張尚占妻　徐氏候選府經歷張兆元妻
倪氏俞泮芹妻　朱氏陳蘭芝妻
任氏俞英發妻○已上十五名俱夫故守節後殉難
俞氏周福生妻　徐氏趙永茂妻
孫氏盧丹桂妻　張氏周康甯妻
杜氏鄭際瑤妻　任氏鄭辰高妻
范氏庠生劉繼庶妻　趙氏葛春木妻
俞氏周德昌妻　徐氏陳德源妻
龔氏朱金水妻　趙氏丁添朝妻
韓氏謝秀儒妻　丁氏徐廷訓妻
陳氏徐忠信妻　趙氏黃景秀妻
陳氏車四連妻　王氏羅克俊妻
王氏胡德修妻　丁氏張啟仁妻
鄭氏陸茂枝妻　羅氏孔傳焰妻
錢氏包玉璋妻　丁氏陳小胡妻
孫氏丁學朱妻　倪氏丁鳴鳳妻
夏氏丁國範妻　張氏丁國訊妻

夏氏丁阿朝妻　徐氏丁阿五妻
徐氏丁浩學妻　朱氏陳金球妻
董氏丁懷凝妻　夏氏丁榮昌妻
陳氏鍾漢照妻　任氏丁印川妻
鄭氏丁小章妻　金氏章炳賢妻
陶氏盧允明妻　任氏丁阿富妻
朱氏章大川妻　陳氏沈大方妻
夏氏陳元標妻　徐氏李三妻
魯氏陳效聖妻　陳氏王法先妻
任氏王純如妻　陳氏王大化妻
鍾氏沈加順妻　徐氏沈開懷妻
余氏張玉田妻　葛氏包懋允妻
李氏鍾三元妻　姚氏丁阿五妻
周氏姚登台妻　李氏任維明妻
翁氏周孔照妻　徐氏陳金榜妻
趙氏嚴國良妻　張氏鄭友棟妻
俞氏車朝元妻　楊氏嚴運高妻
萬氏陳南喬妻　周氏姚鳳高妻

劉氏陳壁產妻
俞氏丁金檀妻
姚氏丁慶復妻
周氏謝之秀妻
余氏葛仙源妻
陳氏徐景賢母
倪氏戚懷妻
王氏丁五妻
王氏丁月中妻
夏氏丁明德妻
謝氏祝增燔妻
王氏阮有朝妻
徐氏周心見妻
張氏徐鳳嶬妻
方氏徐善裕妻
孫氏陳品三妻
俞氏錢煥仁妻
葉氏丁寶如妻

馮氏趙十四妻
董氏丁雲逵妻
任氏王配義妻
萬氏周三寶妻
徐氏周漲發妻
蔡氏趙邦行妻
范氏姚登高妻
陳氏丁文明妻
董氏丁泰然妻
經氏徐開龍妻
盧氏王然妻
何氏謝景堂妻
姚氏徐德慶妻
錢氏徐履坤妻
田氏夏穀龍妻
賈氏劉秉奎妻
項氏馬少英妻
應氏徐十二妻

張氏李林書妻
王氏丁鳳山妻
阮氏李友山妻
錢氏丁濱南妻
徐氏鍾調元妻
梁氏樊存良妻
梁氏謝震秀妻
韓氏王景珊妻
毛氏傅曹初妻
范氏丁長延妻
馮氏張思君妻
李氏徐廷榮繼妻
王氏陳阿來妻
余氏謝述華妻
王氏朱門妻
丁氏王三益妻
葛氏沈永章妻
陳氏進士萬文奐妾

王氏丁有五妻
陳氏王茂林妻
葛氏丁品三妻
張氏丁聖仟妻
謝氏沈清源妻
鄭氏謝學秀妻
董氏謝鼎元妻
謝氏傅思義妻
任氏方禹邦妻
陳氏丁載松妻
徐氏武舉宋文奐妻
許氏丁望有妻
虞氏范東高妻
夏氏陳揚林妻
嚴氏朱洪瑞妻
金氏陳咬臍母
馬氏田東井妾
錢氏監生袁杞妻

黃氏生員項周樞妻
周氏廩生徐大本繼妻
陳氏沈一清妻
倪氏陳文興妻
任氏朱裕和妻
金氏陳紹源妻
沈氏丁鳳林母
聞氏陳康妻
鄭氏周文妻
徐何氏
孫余氏
徐周氏
徐張氏
徐郭氏
徐車氏
徐周氏
徐夏氏
徐嚴氏

許氏生員萬文煐妻
黃氏增生徐慶詒妻
史氏丁繼德妻
王氏陳孔金妻
車氏陳紹槐妻
周氏田豐年妻
姚氏丁鳳林妻
謝氏許星煌妻○一作張氏
陳謝氏
葉馬氏
徐王氏
徐馬氏
徐方氏
徐王氏
徐錢氏
徐姚氏
徐丁氏

徐何氏
徐陳氏
趙周氏
鮑羅氏
吳徐氏
陳范氏
許徐氏
祝王氏
陳王氏
陳夏氏
朱王氏
陳周氏
王徐氏
葛鍾氏
郭徐氏
周朱氏
鍾葛氏
董徐氏

徐王氏
徐董氏
郭齊氏
鍾徐氏
俞王氏
許任氏
徐李氏
阮王氏
王任氏
徐石氏
黃王氏
謝陳氏
王陳氏
葛丁氏
周夏氏
顧曾氏
周徐氏
陳張氏

某氏僕婦○已上皆已旌

右據忠義錄

杜氏周錫華妻○採訪册咸豐辛酉遇賊投河賊援之起强污不屈洞胷穿脇而死

葛氏鍾心田妻　楊氏夏天福妻
賈氏曹國貴妻　羅氏倪開緣妻
魏氏倪福來妻　李氏梁衡玉妻
胡氏倪十二妻　張氏項廷基妻
魏氏周南陽妻　杜氏周維茂妻
王氏潘四毛妻　賈氏沈文奎妻
王氏夏天開妻　馬氏陳初封妻
單氏陳世圭妻　張氏嚴桂清妻
黄氏周仁榮妻　陳氏呂廷九妻
張氏賈小福妻　鄭氏戚志清妻
黄氏汪咸亨妻　陸氏夏維凝妻
倪氏羅禮和妻　顧氏羅金富妻
夏氏徐宏奎妻　羅氏楊兆熊妻
汪氏陳立功妻　田氏陳立功媳

羅氏蕭守元妻　王氏虞生徐春舫妻○已上皆已　旌

葛氏武生呂錫奎妻同治壬戌遇賊不從被洋鎗轟斃時年二十八或云投河死

右據縣冊

谷氏署福建金門縣丞趙丙榮繼妻同治壬申七月初四丙榮卒即日仰藥死年三十九○已上光緒元年　旌

右據闡幽錄

褚氏王德意妻咸豐辛酉被虜不辱時有娠剖腹而死或云自經死

徐氏陳光耀妻年二十八而寡咸豐辛酉賊至投池死年六十八

陳氏張首誠妻同治壬戌賊逼之持廚刀以拒爲洋鎗轟斃

陳氏姚萬孝妻年二十五夫歿守志道光三十年　旌同治壬戌遇賊自刎死年六十四

莫氏鄭繼康妻夫故守節同治壬戌駡賊死

蔣氏張高妻同治壬戌遇賊投池死

葛氏朱師孟妻　陳氏葉庸甯妻
唐氏葉祝千妻　朱氏余邦榮妻
王氏庠生俞頌妻　盧氏王福履妻
祝氏朱金蘭母　張氏葛芝蘭母
張氏葛玉妻○已上九名俱同治壬戌遇賊不屈死○褚氏至此皆已旌

桑氏余萬林妻咸豐辛酉與夫同被擄賊殺夫逼婦氏哭罵不屈破腹而死

葉氏庠生錢秀升妻咸豐辛酉聞賊至服毒而死年七十二

章氏陳正理妻錢塘人理業於杭因贅焉杭城陷氏抱兒赴水死

黄氏陳蔭喬妻咸豐辛酉遇賊牽之去不肯行賊殺之

黄氏周德法妻咸豐辛酉聞夫及夫之兄弟均被殺入山自縊賊見解之下大罵被磔死

趙氏張賢再妻再卒子甫二歲氏矢志撫孤孀居者八年辛酉之變爲賊所追知不免投村前黄小浦溺死年三十二

陳氏夏心如妻年二十六夫死守節咸豐辛酉死於賊年
六十六
徐氏謝聲先妻隨夫寄居漢口咸豐辛酉被掠投漢江死
黃氏陳文傳妻咸豐辛酉聞賊至以利翦刺項死
錢氏陳聖佑妻　葉氏張君望妻
呂氏張朝進妻○已上三名俱咸豐辛酉遇賊赴水死
余氏張之伍妻　陳氏監生朱明陽妻
萬氏監生許行三妻○已上三名俱咸豐辛酉遇賊不屈
死
何氏姚采卷妻同治壬戌賊殺其夫罵賊死
錢氏陳勉齋繼妻同治壬戌賊竄虞氏匿山間賊搜得欲
犯之氏大罵捽氏於地將强汚焉氏力拒遂被殺
周氏馮慶元妻同治壬戌夫爲團勇氏亦隨之擊賊與夫
相失遂自盡年三十六
戚氏朱韶樂妻同治壬戌遇賊被虜時懷孕已七八月賊
逼不從賊以磨壓之并剖其腹死年三十七
沈氏丁月正妻同治壬戌賊犯之大罵脅以刃罵更烈遂
被殺

韓氏姚華林妻蔡宅村人華林死遺子二氏苦節四十年同治壬戌村人集衆拒賊賊怒屠其村氏亦遇害
胡氏吳潮妻潮死苦志守節賊入境懼不免躍入池中死
程氏王乘麒妻同治壬戌賊焚其廬弃投氏於火中遂焚死年六十四
余氏張五妻夫死守節後以賊逼墮樓死
葛氏車國華妻守節撫孤後遇賊投河死
鄭氏戚光鑑妻
孫氏朱承五妻○已上二名俱夫故守節同治壬戌遇賊不屈死
管氏姚秉範妻　余氏馮朝忠妻
吳氏方耀初妻　姚氏丁克交妻
陳氏馬繼孝妻○已上五名俱同治壬戌遇賊赴水死
邵氏顧開基妻　黃氏曹棠階妻
沈氏曹連坤妻　朱氏葉開封妻
高氏朱紹祥妻　朱氏姚沛然妻
曾氏陳耀聲妻　俞氏廩生丁皤妻
徐氏馮伯用妻　陳氏馮廷元妻

黃氏職員錢荼壽妻　袁氏項士賚妻
阮氏朱元志妻　厲氏王睿明妻
張氏鍾美久妻○已上十五名俱同治壬戌遇賊不屈死
項氏廣東平遠縣知縣陳泰繼妻
錢氏陳新建妻　張氏甄士英繼妻
張氏姚忠錦母　黃氏章惠妻
周氏潘乾元繼妻　應氏趙大春妻
朱氏鍾增瑞妻
鄭氏姚錦美妻○桑氏至此皆未　旌
右據採訪冊

節婦虞俗樸厚雖編閭婦女皆崇廉恥而矜名節其間養老鞠孤紡績備作傳記不及備載今併輯爲姓氏錄前代旌表無徵姑從蓋闕　國朝則按題　旌先後爲序　旌年無考者次之嘉慶志及沈氏補稿王氏備稿與本年採訪符例而未及旌者又次之間有事實稍異亦附註於下其已見列女傳者不贅

宋

成氏王洙妻

右據補稿

元

朱氏顧誠孫妻

右據補稿

明

車氏庠生陳鴻磐妻　黃氏庠生張應春妻

俞氏唐會七妻　張氏唐裕七妻

汪氏俞紹龍妻○案俞氏譜紹龍行登七舊載譜行今書名

項氏張起龍妻　王氏曹夢斗妻

李氏庠生徐啟聰妻聰卒李矢志孀居足不出閾奉姑韓尤盡孝養姑病篤刲股和藥病獲痊

陳氏庠生石元道妻　王氏謝國武妻

陳氏太學生陸允純繼妻少司馬陳洙女孫純赴試都門以疾卒陳謝絕鉛華砥節訓子鄉黨以貞淑稱

徐氏雙節陳氏庠生徐承宣妻媳李氏庠生復光妻○案嘉慶志表復光作光復誤

謝氏陳允敬妻○已上三名嘉慶志列　國朝已旌表今改入明

右據康熙志

陳氏進士張文淵祖母○備稿詳張文淵爲劉朴撰東郊別墅引見古蹟

陳氏趙蕃妻

司馬氏管智妻

黎氏劉昱妻○案舊志昱作昊據劉氏譜改

周氏劉晨妻

袁氏陳範妻

倪氏謝道均妻

顧氏謝錠妻

張氏謝無忌妻○補稿無忌善琴有孝行

李氏謝孔引妻

竺氏吳德民妻

周氏林顯妻

劉氏謝越凡妻

倪氏謝道貞妻

丁氏謝玹妻

朱氏謝大經妻

戚氏徐目名妻

陸氏徐建英妻○徐氏譜孫復儀以忠著○已上九名舊列國朝未旌表今據謝徐二氏譜改入明

○右據嘉慶志

章氏顧堅七妻青年孀居撫孤成立夫兄嘗被海盜扳誣章攜孤訴官得白

史氏顧達文妻
顧氏雙節邵氏顧占妻媳張氏究妻
朱氏顧其學妻
陸氏陳思五妻
謝氏袁倖十妻
丁氏顧息妻
嚴氏顧維忠妻
金氏都司顧一宗妻
陳氏庠生顧天祐繼妻
何氏柳某妻○何氏譜權之女
梁氏陳明護妻
羅氏謝懊妻
沈氏謝震亨妻

尹氏顧過妻
盧氏顧文綸妻
朱氏舉人陳璠妻
章氏封職袁以通妻
夏氏顧嵩妻
羅氏庠生顧宗妻
陳氏顧世芳妻
胡氏倪元璣妻
沈氏舉人陳直卿妻
潘氏庠生謝良言繼妻
陳氏謝用康妻

梁氏謝自待妻
陳氏謝大懋妻
邵氏庠生倪文炤妻
王氏章宏倫妻
倪氏羅某妻○倪氏譜贊之女
嚴氏夏某妻○謝讜海門集貧而守節
鄭氏陳文曙妻
田氏倪元俊繼妻
申屠氏胡理妻
王氏糜生胡伯珍妻
陳氏趙某妻翰林侍講美發女國朝范蘭有詩見文徵
陳氏范篪妻
許氏范晏妻
劉氏范元妻
高氏范鼎繼妻
王氏范夢斗妻
鍾氏范君善妻
王氏宋懷八妻
陳氏尹岷妻
尹氏顧輝十一妻
符氏俞光奎妻
姚氏俞光綸妻

右據補稿

劉氏徐清妻
蔣氏陳克遜妻
朱氏徐鐘妻
王氏徐怡妻
丁氏四節竺氏丁景模繼妻媳陳氏剛一妻童氏剛三妻
竺氏剛四妻

鄭氏丁長裔妻
王氏丁天祿妻
車氏丁守敬妻
陳氏庠生車車武妻
諸氏車瑊繼妻
張氏車廉妻
朱氏陳永春妻
陳氏車文元妻
張氏車漢妻
黃氏丁時濟妻
姜氏徐秉衡妻
管氏庠生徐鳴鳳妻
胡氏監生徐國美繼妻
王氏徐治登繼妻
王氏丁賓妻
趙氏徐福龍妻○徐氏譜福龍以部胥卒於京邸氏扶柩歸葬秉節不渝
王氏徐廷獻妻
張氏丁岱妻
夏氏陳巨卿妻
趙氏丁公俊妻
劉氏車興能妻
薛氏車勳妻
林氏車縹妻
阮氏陳倩妻
俞氏車漢沖妻
夏氏陳善道妻
王氏徐之絳妻
周氏徐三畏妻
傅氏管元緣妻
袁氏陳大勳妻
黃氏丁協妻
陸氏陳秉忠妻
葛氏丁環二妻

王氏丁景稷妻　朱氏丁文炳妻
丁氏雙節李氏丁培三妻媳車氏蕃七妻
張氏丁圖升妻○　黃氏庠生丁士鏞妻
石氏丁士鉉繼妻　潘氏庠生丁士鍔妻
馮氏丁柱十妻　姚氏庠生丁世錦繼妻
王氏丁操七妻　倪氏丁周錫繼妻
許氏丁維翰妻　龔氏徐允熙繼妻
陳氏徐煊妻　孫氏陳鴻機妻
右據採訪冊

國朝

竺氏金文煥妻
右據康熙志順治間旌表
潘氏陳華暘妻○案華暘名金陛行鎮二舊志未旌表又戴鎮二妻重出據刊誤刪
徐氏倪運彩妻明尚書徐人龍女
鄭氏庠生葛千生繼妻　羅氏田元珍妻
右據補稿康熙間旌表

徐氏王瑞源妻
右據備稿康熙間　旌表
張氏儒士王大望妻　鄭氏儒士王益生妻
右據採訪冊康熙間　旌表
周氏倪子翰妻
右據一統志雍正間　旌表
馮氏黃木妻　邵氏陳永齡妻
項氏萬曲江妻　王氏庠生金仰泉妻
張氏郡庠生陳之循妻○案之循一名特生舊志兩載今
從刋誤刪其一
趙氏王雄畧妻○案王氏譜雄畧字絅韜舊志兩載且絅
誤作絧今刪其一
徐氏庠生周祖康妻○案舊志訛周爲陳據刋誤改
許氏范蕙妻年十八夫卒後其子甫婚三載亦卒遺周歲
孫艱辛備歷耆六十年
胡氏庠生章廷光妻孝子元彪女○案舊志訛章爲童後
又載章廷光妻幾作兩人今從備稿刪其一
徐氏雙節黃氏徐建斗繼妻孫媳黃氏庠生復超妻○案

復超舊作復光據刊誤改
唐氏金機妻　俞氏成浩妻
羅氏庠生汪宅之妻　陳氏朱茂遠妻
丁氏雙節鄭氏丁賡漢妻王氏庠生浩妻○案府志載鄭
氏丁浩母不著夫名浩妻王氏附註鄭下又另載丁賡
溪妻鄭氏備稿謂鄭爲浩母無疑惟溪漢二字必有一
誤然不可考姑仍其舊而附識之
趙氏庠生曹友參妻　周氏庠生成二我妻
錢氏雙節金氏錢桂宇妻孫媳陸氏恭義妻
唐氏倪謙一妻　孫氏陳沛艮妻
黎氏庠生羅殷四妻　金氏陳偕妻
黃氏三節葉氏黃文達繼妻孫媳陳氏裳妻唐氏莊妻○
案舊志陳列未旌表唐失載據府志補
潘氏朱四妻
右據府志雍正間　旌表
邵氏儒士王子和妻
右據採訪冊雍正間　旌表
徐氏庠生俞夢台妻　李氏陳景妻○案景一作璟

周氏葛毓來繼妻○案舊志作毓求妻據刋誤改
陸氏陳應鵬妻○案一統志鵬作鵾今從舊志
邵氏謝爲丕妻　俞氏顧公瓚妻
顧氏趙國對妻　沈氏周彬貽妻
項氏萬鳳溪妻○案一統志萬作范今從舊志
朱氏陳尚志妻　錢氏庠生周宗紳妻
張氏謝德加妻○案加一作嘉
何氏俞廷光妻　任氏錢士陞妻
陳氏朱桓妻○案一統志桓作坦今從舊志
曹氏陳仲燦妻○案氏舊志兩載今刪其一
徐氏謝公沛妻○案一統志無沛字據舊志增
嚴氏俞國書妻　王氏唐士宏妻
朱氏周士福妻　陳氏唐應昌妻
桑氏徐維周妻　羅氏袁大來妻
朱氏李八政妻○案一統志訛李爲朱府志改作某氏朱八政妻今從舊志
李氏陳鯤妻　俞氏陳尹諧妻
陳氏徐及祖妻　黃氏徐循祖妻

黃氏庠生鍾鼎文妻　陳氏鄭懋德妻
羅氏廩生曹咸吉妻　徐氏嚴四如妻
范氏許念九妻　杭氏趙芳勝妻
劉氏徐公悅妻　嚴氏陳亮如妻
朱氏杜景孝妻　經氏李國士妻
陳氏方尚賢妻　章氏戚廷元妻
潘氏鄭汝銓妻　袁氏姚奇發妻
袁氏趙允昌妻　沈氏杜德瑛妻
周氏王光宗妻　徐氏陳克嶷妻
項氏曹言綸妻○案一統志曹作張今從舊志
趙氏王績榮妻○案舊志績作積並見未旌表據一統志
改
戚氏陳鳳占妻　葛氏徐象賢妻
戚氏李天如妻○案一統志作陳氏據舊志改府志既載
戚氏又載陳氏今不兩列
張氏趙蘭妻　盧氏何元恭妻
何氏陳時渭妻　謝氏朱滋善妻
章氏貢生曹鴻慶妻○案府志又載章氏曹鳴慶妻舊志

無今不兩列
陳氏庠生徐虎文妻。舊志作文虎
張氏陳廷勳妻。案氏舊志兩載今刪其一
丁氏葛晉繼妻　趙氏俞文俊繼妻
陳氏王我備妻　倪氏陳日高妻
倪氏陳俊亮妻　徐氏陳棫妻
范氏陳文洽妻　王氏趙祖光妻
車氏王武匡妻　陶氏陳克新妻
林氏趙祖發妻。案發一作法
龔氏趙思佐妻　邵氏俞秉鋐妻
吳氏曹鳳起妻。案一統志作起鳳今從舊志
王氏陳志耀妻　張氏金玉妻
朱氏俞德顯妻　嚴氏陳德鳳妻
呂氏陳以孝妻　謝氏陳景仁妻
陳氏蔣聖瑞妻　魯氏陳仲文妻
鍾氏姚天生妻　黃氏陳星中妻
張氏庠生陳時生妻。案氏舊志失載據一統志補
沈氏趙奎妻。案舊志又載沈氏趙魁妻魁奎俗通疑即

一人今不兩載

范氏庠生陳體仁妻　李氏王宰四妻

范氏戚紹妻　朱氏何錦生妻

許氏范佩及妻○案府志又載徐氏范佩及妻舊志無今

不兩列

王氏丁斯美妻　蒲氏顧協勳妻

李氏謝廷彥妻　范氏竺期聖妻

任氏林明綱妻　張氏楊茂九妻

沈氏黃存恕妻　張氏萬燮妻○燮一名文德

董氏陳人一妻　陳氏羅聖臣妻

陳氏謝司詔妻　陳氏許長仁妻

唐氏金光宗妻○案一統志作宗光據舊志改府志既載

宗光又載光宗今不兩列

陳氏李惠芳妻○案惠一作會

謝氏宋常祿妻○案一統志作朱常六妻今從舊志

俞氏陳鳴廷妻　俞氏陳士良妻

謝氏郡庠生陳璣妻府志年二十五而寡足不下樓五十

年

朱氏錢萬遴妻
鄭氏生員王子揵妻
葉氏庠生錢恭禮妻
呂氏陳一相妻
陳氏趙允祈妻
鄭氏顧聖惠妻
褚氏朱夏冕妻
趙氏姚立方妻
龔氏曹繩其妻○按一統志無其字據舊志增
夏氏鍾仲讓妻○按一統志作仲襄今從舊志
金氏葛常夏妻
俞氏王介儒妻
陳氏王宏祚妻○按一統志作茲四查達溪王氏譜茲四名宏祚舊志兩載今書名而刪其一
李氏顧仕法妻
朱氏顧廷標妻
陳氏趙時及妻
顧氏陳勳妻
陳氏王定遠妻○按舊志作廷遠且重出今據一統志及王氏譜更正並刪其一
姜氏郭琴伯妻
夏氏許鳳山妻
丁氏黄豫侯妻○按舊志豫作予據黄氏譜改
王氏劉太聰妻○按一統志作天聰據舊志及劉氏譜改府志既載天聰又載太聰今不兩列
陸氏郭子成妻
潘氏何奎如妻○如一作儒

任氏陳日明妻
周氏庠生葛翼妻
鄭氏黃斌妻
趙氏邵汝桐妻
趙氏陳子盡妻
丁氏徐文德妻
李氏呂嘉祚妻
顧氏呂燦義妻
沈氏謝爾傑妻
金氏葉天秀妻
胡氏王寶山妻
車氏張德安妻
屠氏田爾衡妻。按田氏譜鈞字爾衡舊志字名兩載今
删其一
章氏顧君錫妻
車氏任渭濱妻
王氏萬光清妻
李氏許亦燾妻
周氏廩生徐斯敏妻
嚴氏錢紹虞妻
魏氏錢克銓妻。按一統志銓作詵今從舊志
謝氏陳大珍妻
顧氏葉珩妻
顧氏呂如輅妻。按一統志輅作輅今從舊志
陳氏高思孝妻
顧氏呂思孝妻
邵氏金文科妻
徐氏顧國佐妻
茅氏趙九齡妻
王氏陳士萃妻
羅氏職員田廷三妻。按一統志廷作延據舊志改

顧氏趙申錫妻　石氏羅名達妻
倪氏謝兆昌妻　徐氏周三聘妻
丁氏周雪千妻　邵氏韓大宗妻
韓氏何公佐妻　朱氏張鳳岡妻
王氏謝文道妻　張氏程大成妻
陳氏趙越正妻　葉氏何萬盛妻
陳氏朱禹昌妻　沈氏何鄭候妻
曹氏監生錢景妻　俞氏唐佐清妻
王氏唐奎妻　王氏羅繼美妻
馬氏庠生胡鑑妻　朱氏庠生王維桂妻
顧氏三節葛氏顧允詵妻羅氏允詔妻王氏允翊妻○按
允詵字爾宜允翊字再虞一統志均書字今從坊表改
書以免歧出
羅氏石陳範妻　張氏職員俞季貞妻
陸氏陳之奇妻○按府志又載陳奇妻陸氏舊志無今不
兩列
任氏史景增妻　毛氏庠生田觀瀾繼妻
王氏徐一鶴妻　丁氏錢應奎妻

姚氏張應龍妻
袁氏謝克拯妻○按一統志拯作極今從舊志
倪氏王志芳妻○按一統志作子芳據舊志改府志既載志芳又載子芳今不兩列
謝氏曹紹曾妻
吳氏金長叔妻
徐氏陳璜妻
錢氏沈元信妻
楊氏章天照妻
吳氏陳邦憲妻
陳氏王若泗妻
王氏馬炳文妻○按炳一作秉
王氏黎艮妻○按一統志艮作銀今從舊志
萬氏項若濟妻○按舊志作某氏今正
顧氏戚君侍妻
賀氏宋允文妻
王氏陳宏學妻
李氏趙顯卿妻

孫氏張忠妻
黎氏杜仲山妻
童氏陳敏佾繼妻
劉氏沈華八妻
張氏馬浩妻
任氏趙如楠妻
邵氏潘子安妻
吳氏陳宗文妻
倪氏章儼若妻
葛氏陳國祥妻
陳氏戚克仁妻
杜氏王爾式妻

周氏丁重光妻　嚴氏胡光濟妻
林氏李廷初妻　田氏趙環水妻
蒲氏桑定國妻○按一統志作國定今從舊志
林氏虞濟美妻　陳氏應宏文妻
王氏顏世美妻○按一統志顏作顧今從舊志
韓氏夏爾恆妻　孫氏庠生賈素書妻
朱氏葛席蘭妻○按一統志作席簡今從舊志
章氏陳繩武妻　余氏呂愷一妻
宋氏庠生曹思恭妻○按一統志作思參今從舊志
陳氏石盛公妻　王氏陳嘉賓妻
陳氏章服周妻　陳氏顧淮士妻
呂氏何君佐妻　任氏陳紹妻
劉氏王若佑妻○按一統志作君佑今從舊志
阮氏俞克岐妻　任氏車紹藩妻

右據一統志乾隆間旌表

陳氏雙節喬氏陳維孝母朱氏維孝妻○按舊志僅載維孝妻姓氏亦誤據一統志及府志增改

唐氏黃共志妻夫爲山寇所殺氏痛哭暈地未幾姑卒氏

營葬撫孤
范氏庠生陳祥元妻
徐氏庠生謝敏妻
謝氏庠生胡有章繼妻
張氏葛新庚妻
華氏陳翼倉妻
朱氏謝友範妻
陳氏庠生胡偉繼妻
周氏錢涵妻
許氏庠生王全璧妻
周氏錢琮妻
趙氏錢湘妻
趙氏錢江妻
徐氏宋洪謨妻○按府志作洪漢據備稿及宋氏譜改舊
志既載洪漢又載洪謨今不兩列
鄭氏謝廷倓妻
陳氏曹榮慶繼妻
賈氏陳培土妻
周氏王載入妻
徐氏三節陳氏庠生徐大炳妻媳董氏庭堅妻陳氏庭基
妻
余氏俞成倓妻
章氏林喬妻
陳氏賈觀國妻
王氏馬治妻
賈氏劉文熠妻
謝氏杭尹思妻
龔氏王茂林妻○按林一作霖
孫氏杜天錫妻
陶氏曹震妻

俞氏賈之賢妻　華氏黎昇庸妻
田氏陳璐入妻○按璐一作鏴
陳氏周錦妻　曹氏章三嵋妻
章氏曹達祖妻○按府志作逵曾舊志兩載章氏皆作達
祖妻今從之而刪其一
徐氏陳模妻　陳氏金玉妻
童氏陳毓伯妻　吳氏金長發妻
謝氏曹紹祖妻　顧氏楊茂七妻
徐氏雙節黃氏徐際可妻許氏均可妻○按徐氏譜調會
字際可調爕字均可舊志字名俱兩載且際誤作除今
正
鄭氏黃鉞妻　郭氏賈鼎妻
吳氏陳可久妻　謝氏張發二妻
任氏陳紹達妻　徐氏陳聖求妻
阮氏郭維城妻　沈氏朱君宰妻
徐氏葉燦玖妻○按玖一作久
何氏潘青雌妻　羅氏姚我萃妻
樊氏庠生祝舒安妻　趙氏王心赤妻

俞氏謝大任妻　田氏羅時榮妻
俞氏潘依仁妻　王氏葉世懷妻
王氏史景增妻○按前已有任氏史景增妻任王疑字形
之誤舊志兩載姑仍之
黃氏潘瑞卿妻　郭氏賈鼎元繼妻
王氏賈新七妻　唐氏金宗先妻
黎氏杜宗黼妻○按舊志府志黼並作甫據採訪改
陳氏李某妻　鄭氏李某妻
潘氏鄭如銓妻○按前已有潘氏鄭汝銓妻汝如疑有一
誤舊志兩載姑仍之
張氏楊九一妻　盧氏何元泰妻
項氏楊茂士妻　沈氏陳魁妻
余氏呂聖則妻　韓氏夏元英妻
任氏車維藩妻
右據府志乾隆間　旌表
水氏謝效忠繼妻　何氏俞昂十五妻
朱氏俞考生妻　謝氏監生朱吉妻
毛氏庠生田於道繼妻　羅氏田鼎元妻

鄭氏李忠言妻幼以孝聞年十七歸李三月而寡無子苦
守
蕭氏田鴻妻○按田氏譜鴻字起騰舊志字名兩載今刪
其一
陳氏楊秉仁妻
右據補稿乾隆間　旌表
胡氏王世安妻○按氏舊志兩載今刪其一
王氏汪甯紹妻　金氏陳思宗妻
賈氏沈位焉妻　郭氏俞士峻妻
宋氏劉尙玉妻○府志尙作上
右據備稿乾隆間　旌表
朱氏錢偉才妻　何氏羅福周妻
徐氏陳鏻妻
右據採訪冊乾隆間　旌表
田氏陳重遠妻　田氏徐漢照妻
嚴氏朱騰蛟妻　汪氏朱濟妻
趙氏何浩妻○按旌冊作浩僅今從舊志
葛氏陳惠來妻祀上嘉慶元年旌

羅氏監生謝掌文妻○補稿年二十二而寡撫孤蘭光成立晚年命兆置義田義塾以惠族人

王氏謝鳳儀繼妻　俞氏陳汝賢妻已上二年旌

周氏顏爾贊繼妻○按嘉慶志顏作顧誤三年旌

陳氏徐貞桂妻○按氏舊志兩載今刪其一

俞氏韓元燦妻　諸氏監生杭煜妻已上四年旌

王氏雙節羅氏王赤一妻媳黃氏朝佐妻

虞氏章方來妻已上五年旌　邵氏陸袁俊妻

陳氏俞賡妻　姚氏俞一清妻

孫氏俞登年妻　宋氏庠生俞善之妻已上六年旌

朱氏趙霦熙妻　沈氏俞思統妻已上八年旌

李氏陳湘妻　朱氏宣彙征妻

劉氏監生宣理妻　江氏趙金三妻

陳氏曹紹剛妻　李氏趙紹憲妻已上九年旌

蕭氏趙逢時妻○按舊志遺時字今正十年旌

謝氏王肯城妻　顧氏謝屾可妻已上十一年旌

吳氏庠生陳貽孫妾　蒲氏陳樹本妻

盧氏張如璧妻　劉氏倪名發妻

呂氏范椿年妻已上十二年旌　鮑氏徐五德繼妻
馬氏監生王嚴叔妻　何氏庠生周殷榮妻
朱氏陳方平繼妻　馮氏王文潮繼妻
徐氏監生四品封職錢殿瑞妻
童氏高士桂妻　吳氏葉堯章妻
徐氏陸鍇妻已上十三年旌　鄭氏陳宗祐妻十四年旌
葛氏雙節俞氏葛邦翰妻媳葉氏東麗妻十五年旌
姚氏呂德周妻○按舊志訛周爲用據刊誤改
錢氏萬啟校妻已上二十年旌　王氏儒士錢鷺飛妻
陳氏儒士謝友潮妻○按舊志作友趙據題旌冊及採訪改表內又載何氏謝友潮妻今不兩列
徐氏陳英久妻　鄭氏錢應萬妻
徐氏謝蘭妻已上二十年旌　湯氏職員陳戩妾二十三年旌
林氏庠貢生錢清時妾　陳氏謝潮妻已上二十二年旌
俞氏王廷彥妻　賈氏任新臣妻
程氏監生葛大元妻　劉氏廩生葛廷元繼妻
賈氏陳秉仁妻　郭氏六品封職連聲聞妻
夏氏儒士何仁元繼妻　韓氏葛邁種繼妻

陳氏謝從信妻己上二十五年旌

右據題旌冊嘉慶間旌表

袁氏庠生趙啟書妻嘉慶三年旌　趙氏職員嚴光照妻

沈氏何世周妻己上十三年旌　陳氏史積鋭妻十四年旌

李氏譚能禮妻二十年旌

徐氏職員謝逢鄉妻○按嘉慶志鄉作卿誤二十一年旌

孫氏葉學先妻二十三年旌　王氏顧協元妻二十五年旌

右據補稿嘉慶間旌表

吳氏黃普妻○按黃氏譜普字得正舊志字名兩載今刪其一嘉慶八年旌

許氏杭景昇妻十三年旌　陳氏儒士徐大明妻

郭氏徐孝先妻己上十四年旌　宋氏羅廷弼妾二十二年旌

韓氏嫩秀其妻二十四年旌　項氏倪奇甫妻

張氏徐際盛妻

右據採訪冊嘉慶間旌表

謝氏曹含美妻道光元年旌　王氏五品封職劉樞妻

許氏監生錢瓚妻己上二年旌　陳氏錢殿信繼妻

陳氏何樂天妻　陳氏王岐山妻

曹氏顧如璋妻祀上三旌　徐氏陳宸一妻
顧氏雙節陳氏顧朝鼎妻媳馮氏用昭妻
黃氏朱瑞占妻祀上四旌　朱氏舉人趙應魁繼妻六年旌
徐氏貢生陳廷鉦妻○按旌冊訛妾爲妻據採訪改
韓氏嚴貴三妻　張氏儒士何沛妻
許氏陳葛妻　陳氏章僩妻
張氏萬啟杬妻○按旌冊杬作杭據採訪改
朱氏劉洄妻　張氏劉潤妻祀上七旌
陳氏庠生徐綱妻　田氏徐如潮妻
胡氏徐煌妻祀上八旌　吳氏監生章喆妻
范氏徐龍如妻　徐氏吳啟燿妻
董氏陳大全妻　沈氏錢聖祥妻祀上十旌
梁氏羅松茂妻十一年旌　顧氏監生朱霖妻
唐氏張文炫妻　湯氏王敬泰妻祀上十四旌
黃氏汪家烈妻　黃氏陳萬青妻祀上十六旌
魏氏雙節丁氏魏聖和妻閻氏聖時妻○按旌冊聖作勝
今據採訪
宋氏徐孟賢妻　王氏徐慕中妻

盧氏儒士徐易城妻　陳氏徐楠妻
鄭氏庠生徐兆燕妻○採訪冊舉人鄭文蘭女年十八時
嘗刲股療母疾二十九寡
章氏何廷學妻　趙氏陳廷玉妻
王氏徐兆年妻　袁氏儒士王邦和妻
張氏增生王錦雲妻　陳氏丁景燦妻
沈氏儒士王國綱妻　許氏監生張朝陽妻
陳氏儒士錢人典妻　羅氏賈文運妻
陸氏李開源妻　呂氏夏永淦妻祀上十七旌
趙氏葛永祚妻　莫氏職員田永昌妻
周氏庠生金元音妻　陸氏張傑賢妻祀上十八旌
趙氏朱茂樟繼妻　李氏吳乾亨妻
金氏何麟祥妻　周氏趙槐妻
王氏金道霑妻祀上十九旌　鄭氏儒士陳紹城妻二十年旌
邵氏儒士嚴洽妻　嚴氏沈孔嘉妻
茅氏儒士賈觀象妻　曹氏金永清妻
張氏陳元幹妻　陳氏朱鳳逸妻
嚴氏庠貢生四品封職錢鳦飛妾

張氏趙聚英妻
梁氏李龍德妻
王氏謝魯川妻
阮氏李紹奇妻已上二十一年旌
何氏陳涵妻
余氏縣丞徐輅妾
王氏陳聲洪繼妻
張氏陶兆璋妻已上二十二年旌
周氏三節楊氏周伯全妻媳鍾氏元功妻孫媳陳氏自新妻二十四年旌
湯氏監生杜汝照妻
陳氏庠生五品封職劉機妻
田氏儒士李景時妻
朱氏儒士萬文燦妻
陳氏監生金靜瀾妻
王氏儒士何玉澧妻
裴氏儒士何元輿妻
沈氏鍾信文妻
阮氏監生潘烈功妻已上二十六年旌
右據題旌冊道光間旌表
連氏謝嘉斌妻道光二年旌
陳氏劉瓘玉妻
錢氏監生謝文煜妻年二十七而寡事姑孝姑病刲股療之已上五年旌
夏氏謝德新妻
何氏謝聞達妻已上六年旌
右據補稿道光間旌表
王氏儒士何德皋妻
張氏陳理源繼妻已上道光三年旌

徐氏夏渭英妻六年旌
胡氏庠生徐燦元妻
黄氏陳鳳卜妻二十年旌
華氏蔣泰來繼妻
韓氏朱淇竹妻二十七年旌
趙氏監生錢星繼妻
陳氏庠生錢汝紳妻
孟氏羅萬清妻
徐氏黄文煜妻
王氏孫誥妻

張氏劉紫貴繼妻七年旌
田氏徐如瀚妻已上十九年旌
袁氏謝鼎兆妻二十一年旌
錢氏許厦梁妻已上二十六年旌
陳氏田月桂妻二十八年旌
田氏監生錢人衡繼妻
王氏舉人錢叡妻
戚氏賈切妻
梁氏孫立妻
陸氏張其賢妻

右據採訪冊道光間旌表

王氏錢大化妻
謝氏鍾嘉修妻
富氏庠生徐言妻
盛氏徐文秀妻
陳氏徐一位妻
屠氏任光一妻○按氏舊志兩載今刪其一
徐氏周泰元妻○舊志作太元

姚氏庠生葛哲文妻
羅氏姚我萍繼妻
沈氏徐求源妻
陳氏徐自求妻
王氏徐芳妻

萬氏范清瑞妻○按氏舊志兩載今刪其一
陳氏庠生葛景桓妻○按舊志桓作垣據諸葛氏譜改
夏氏梁其雍妻　商氏陳遜妻
徐氏監生曹本妻　陳氏金大化妻
項氏雙節吳氏項彭若妻張氏與恭妻
陳氏庠生徐燦妻　丁氏徐雲龍妻
朱氏謝增益妻　王氏羅一鵬妻
王氏郭維城妻　楊氏陳孔傳妻
張氏范景杰妻○表微錄作范對山
陳氏金觀淮妻　沈氏許成章妻
徐氏庠生陳東萊繼妻　陳氏謝瑚妻
姜氏謝曾三妻　謝氏陳周英妻
王氏范文明繼妻　朱氏庠生謝鳳昭繼妻
周氏庠生范聖統妻○按范氏譜聖統名秉道舊志字名
兩載今刪其一
馮氏監生張士衡繼妻○表微錄作上衡
王氏張雨蒼妻　徐氏張天瑞繼妻
徐氏庠生張禹梅妻　沈氏鍾元道妻

萬氏陳斯文妻○表微錄作思文
葛氏陳邦甯妻
陸氏陳鷟人妻
陳氏庠生趙藩妻
沈氏朱秀章妻
康氏廣西宣化縣典史顧芝桂妾
龔氏馮宗海妻
龔氏龔懷金妻
趙氏龔爾康妻
趙氏陳之蕃妻
章氏儒士謝樓觀妻○按謝氏譜樓觀字目千舊志字名
兩載今刪其一
錢氏吳書巢繼妻
金氏徐志清妻
丁氏徐萬華妻○備稿年二十三寡負薪易米藉以餬口
晚年代人誦經積餘貲爲夫立祭
陳氏徐鼎煊妻
吕氏徐景蕨妻○按甲錄作景茹據採訪改

曹氏徐德溥妻
謝氏賈維城妻
宓氏王顯耀妻
田氏監生杜錫成妻
朱氏顧其興妻
王氏龔存義妻
黃氏鍾璜妻
陳氏龔仁宗妻
周氏徐尚德妻
孫氏徐金聲妻
朱氏徐德助妻

葉氏徐元龍妻　吳氏虞清源妻
盧氏虞士章妻　劉氏虞廷贊妻
范氏朱人恆妻　杭氏佾生黎宮木妻
吳氏朱栢齡妻　趙氏朱三才妻
曹氏朱耀庭妻○按甲錄作耀定據採訪政
李氏朱錫袞妻　陳氏朱學再妻
張氏朱天相妻○採訪冊年二十七而寡矢志堅忍足不出戶者四十年
王氏胡邦助妻　曹氏胡肇棟妻
喬氏胡誠齋妾○按甲錄作妻據採訪政
倪氏盧孔時妻　經氏俞鳳池妻
董氏俞一棟妻　錢氏俞淮南妻
董氏俞學校妻　倪氏俞泮芹妻
周氏俞成名妻　陳氏俞慶德妻
陳氏俞時慶妻　陳氏俞寶琳妻
吳氏俞嘉謨妻　李氏郡庠生俞仁通繼妻
陳氏俞載嶽妻　陳氏俞文在妻
袁氏俞大德妻　張氏屠一桂妻

盧氏沈培嘉妻○按甲錄作嘉培據採訪改
徐氏倪大奎妻　邵氏倪安國妻
虞氏倪光斯妻　趙氏倪景武妻
趙氏黎金福妻　俞氏黎慶餘妻
陳氏柴九齡妻　徐氏陳楨妻
華氏陳志奇妻　王氏陳球妻
葉氏陳德隆妻　徐氏陳寶泉妻
丁氏陳作霖妻　朱氏儒士陳鑑衷妻
賈氏陳南星妻　徐氏陳梧妻
厲氏陳可培妻　錢氏陳廷謨妻
賈氏陳鳳飛妻　杜氏陳積豐妻
黃氏陳梯雲妻○按甲錄作雲梯據採訪改
葉氏陳克照妻　夏氏陳桂林妻
俞氏陳煥文妻　章氏陳璠妻
章氏虞生陳濟源妻　陸氏陳伯躋妻
周氏陳揆一妻　葛氏陳邦采妻
姚氏陳允銘妻　倪氏陳玉堂妻
王氏陳元聖妻　謝氏陳楚艮妻

周氏陳尚厚妻　賈氏監生陳秀升繼妻
楊氏陳炳元妻○按甲錄作炳南據採訪改
徐氏陳思倫妻　王氏陳維勳妻
張氏陳德峻妻○備稿年二十三而寡撫繼子守節性誠
孝嘗封股療翁疾
周氏陳尚志妻　鄭氏孫玉燕妻
戚氏武生陳一椿妻　梁氏孫孔鐸妻
唐氏孫玉燦妻　王氏監生孫望華繼妻
趙氏孫鎮方妻　夏氏孫宏章妻
羅氏袁作義妻　丁氏顏鵲求妻
董氏樊存禮妻　陳氏錢文頡妻
嚴氏錢夢機妻　謝氏武生錢遇春妻
謝氏儒士錢日駉妻　任氏錢明洲妻
萬氏錢春升妻○按甲錄作范氏據錢氏譜改
沈氏田長齡妻　謝氏田世彥妻
范氏田鳳岡妻　蔣氏田鼎周妻
陳氏杜詩章妻　何氏潘文友妻
倪氏包雨人妻　周氏姚萬嵩妻

蔡氏包再見妻　馮氏高廷臣繼妻
梁氏曹大槐妻　陳氏曹烈妻
王氏茅玉書妻　俞氏何士林妻
曹氏何九江妻　蔣氏羅長清妻
孫氏羅肇隆繼妻　倪氏羅以江妻
邵氏羅以海妻　倪氏羅亨妻
王氏車景洪妻　葛氏車全發妻
史氏車雲梯妻　秋氏華慶祥妻
華氏雙節陳氏華紹顏妻汪氏紹顏妾
謝氏張炳南妻　袁氏郡庠生張文軒妻
楊氏張晉玉妻　謝氏張廣思妻
呂氏張君相妻　陳氏張聯標妻
朱氏張大成妻○備稿婚七日而大成卒紡績奉姑誓死不二
范氏張茂春妻　徐氏張兆沅妻
車氏王人豪妻　陳氏王文藻妻
萬氏王邦炅妻　何氏王廷文妻
俞氏儒士王在陽繼妻　錢氏王崑源妻

羅氏王敬仁妻　張氏王鼎立妻
徐氏儒士王德成妻　許氏儒士王光燦妻
孫氏王振嶽妻　趙氏王禮常妻
朱氏王孝基妻　陳氏王丙堂妻
金氏王顯宗妻　徐氏王遠聲妻
唐氏王耿光繼妻　翁氏庠生王藎臣妻
徐氏王聖南妻　邵氏王宣德妻
龔氏黃得曙妻　賈氏黃如心妻
陳氏黃孝榦繼妻　鍾氏黃蘭芬妻
虞氏黃在沼妻　金氏黃節心妻
鄭氏唐洪誥妻　王氏庠生唐洪謨妻
楊氏方天明妻　張氏章爾載妻
林氏章泰來妻　羅氏章清泉妻
梁氏雙節鄭氏梁其平妻施氏其平妾
陳氏梁其成妻　陳氏梁貴瑜妻
婁氏梁電中妻　秦氏梁楚喬妻
俞氏監生梁安國妻○備稿年二十六而寡撫二子守節
好施濟見鄰里貧乏者輒周之

陳氏丁允達妻　俞氏丁可久妻
徐氏丁春餘妻　金氏丁位育妻
陸氏丁景道妻　管氏丁臣國妻
胡氏經東昇妻　胡氏周夢桂妻
陳氏周庠妻　龔氏周廂妻
張氏周富德妻　錢氏周啟榮妻
孫氏周學禮妻　何氏周大梁妻
陳氏周殿華妻　陶氏周必昌妻
賈氏劉渭占妻　李氏周鳳飛妻
馬氏邱廷貴妻　陳氏裘貴法妻
陳氏職員金廷謨妻　吳氏金益三妻
方氏金運財妻　茅氏金魁妻
馮氏林德英妻　王氏林文瀾妻
呂氏林汝海妻　夏氏林遇春妻
馮氏林晉卿妻　邵氏任如林妻
鄭氏任宇明妻　項氏詹高年妻
王氏嚴紀清妻　周氏史悅義妻
徐氏李長松妻　孫氏李如吉妻

沈氏李香崖繼妻
陳氏李香泉妻
王氏李克明妾
陳氏李如江妻
陳氏呂行可妻
錢氏許汝松妻
杜氏三節陳氏杜岳妻媳丁氏以靖妻王氏以賢妻
陳氏杜延生妻○採訪冊延作賢
王氏趙瓚妻
周氏趙雲進妻
駱氏趙嵩年妻
曹氏趙連璧妻
夏氏趙遇濤妻
陳氏趙遇天妻
葛氏趙仁豪妻
梅氏賈五範妾
倪氏賈錫山妻
戚氏賈志先妻
王氏賈光仁妻○採訪冊仁作潤
倪氏賈泗妻
羅氏賈起予妻
謝氏賈永延妻○按甲錄作永年據採訪改
呂氏賈宗其妻
王氏夏績堂妻
陳氏夏楚佩繼妻
曹氏蔣廷侯妻
石氏宋樂鳴妻○按甲錄鳴作明據採訪改
趙氏宋奉先妻
王氏宋楷繼妻
梁氏宋繼緒妻
沈氏顧永福妻

顧氏雙節韓氏顧雖妻媳鄭氏珣妻
陳氏顧鳳岐妻
羅氏沈尚德妻
阮氏顧金莖妻○按甲錄作妻據採訪改
顏氏厲汝翼妻
李氏傅承露妻
陸氏萬啟栴妻
俞氏萬文驥妻
錢氏萬文姚妻○按甲錄姚作耀據採訪改
鄭氏監生謝聯三妻
陳氏謝晉賢妻
董氏謝景桂妻○按甲錄桂作貴據採訪改
張氏謝松巖妻
張氏謝晉蘭妻
陳氏謝景泰妻
汪氏謝心傳妻
徐氏邵有萬妻
王氏謝景運妻
徐氏葉炳妻
趙氏謝太初妻
陶氏鄭繼齡妻
盧氏鄭丹林妻
葛氏鄭履祥妻
韓氏孟湧妻
夏氏孟森妻
蔣氏陸君言妻
董氏監生陸慕伊繼妻○備稿年三十而寡遺孤二撫教成立性好施濟有佃戶任姓妻茹苦守節氏爲錫免其租十年卒年七十二

龔氏祝辰妻
竺氏雙節韓氏竺超蓮妻媳
王氏葛澄妾
汪氏葛光濟妻
朱氏薛廷璋妻
賈氏石尙清妻
陳氏石作霖妻
沈氏石瑞清妻
陳氏石松茂妻
謝氏葉成時妻
章氏葉士蘭妻
右據闡幽甲錄道光間
沈氏冂鼎和妻
鄭氏王世傚妻
陳氏雙節何氏陳丹華妻媳
周氏趙惟宰妻
陳氏葛光曙妻
俞氏梁學智妻

葉氏祝邦彥妻
王氏文瀚妻
胡氏葛芸臺妻
陳氏薛松茂妻
倪氏駱繼業妻
陳氏石世雄妻
胡氏石雲龍妻
宋氏石清輝妻
陳氏庠生葉瑞虞妻
傅氏葉清如妻
王氏葉定茂妻祀上旌三十
旌表
徐氏胡晉川妻
方氏林卓然妻
王氏聖照妻
王氏監生羅秉義妾
丁氏俞元會妻
金氏錢淑艾妻

王氏趙伏八妻
任氏王萬化妻
金氏謝景春妻
金氏馮景遠繼妻○按甲錄作景緣妻據採訪改
賈氏龔慶妻
羅氏馮士鳳妻
何氏吳文儒妻
黃氏陳登阜妻○按甲錄阜作高據採訪改
臧氏陳耀先妻
沈氏陳振書妻
潘氏陳周富妻
趙氏監生袁澹妻
倪氏錢殿濟妻
金氏儒士錢燧如妻
王氏車景泰妻
夏氏張倬雲妻
應氏張廣仁妻
張氏王占鰲妻

朱氏夏予標妻
俞氏謝景銓妻
竺氏謝景蘇繼妻已上咸豐元年旌
齊氏徐漢才妻
徐氏訓導胡樹本繼妻
王氏陳傑妻
張氏陳毓英妻
黃氏陳之琪妻
李氏監生陳鴻模妻
馮氏袁涵妻
施氏儒士錢錫康妻
張氏何三貴妻
夏氏張永如繼妻
李氏張裕順妻
竺氏王仲美妻
朱氏王德明妻

陳氏王鋆妻
戚氏王璺妻
胡氏劉滄洲妻
夏氏李德輝妻
李氏儒士趙秉禮繼妻
王氏夏廷玉妻
金氏謝英泰妻
宋氏葛周庠妻
陳氏戴祖榮妻祀上旌二
俞氏王萃陽妻
薛氏李如鐙妻
王氏李秋園妻
王氏夏秀桂繼妻
沈氏宋思學妻
葉氏葛元會妻
孫氏葉俊英妻
胡氏監生田斐章妻

右據闡幽甲錄咸豐間旌表。按闡幽錄始道光庚戌，其時越中創設專局，廣爲採訪，雖窮鄉僻壤不致抱向隅之憾。咸同間踵而行之，三載彙請，並將姓氏刊刻成錄，迄光緒壬午凡六集，以甲乙分編。惜遭兵燹，乙丙兩錄徧訪不可得，縣冊亦多散軼，今但據採訪姓氏依次登載。

何氏監生錢暲妻咸豐旌二
桑氏謝逢熙妻
朱氏儒士田隆妻祀上旌六
王氏儒士陳君陞妻七旌

右據題旌冊咸豐間旌表

王氏儒士葉起鳳妻咸豐元年旌
枚氏貢生錢涵妾
賈氏陳瑤階妻已上四年旌
張氏陳福緣妻已上五年旌
王氏石雲龍妻已上六年旌
田氏儒士趙庭楨妻
戴氏陳方城妻
俞氏王鳳岐妻
陳氏宋佳梅繼妻
王氏宋恩十四妻
張氏宋悅十二妻
陳氏宋嘉善妻
谷氏陳天錫妻
唐氏監生王省三繼妻
杜氏嚴豹林妻
應氏任文照妻
宋氏劉燈妻
葉氏俞錫圭妻

倪氏田汝能妻二年旌
朱氏李鍾妻
管氏丁懷新妻
徐氏丁昌華繼妻
吳氏儒士趙銓妻
邵氏楊承祖妻
顧氏鄭文治妻
趙氏王玉成妻已上八年旌
朱氏宋盛妻
許氏宋宣十九妻
張氏宋志宏妻
丁氏宋利先妻
沈氏謝善章妻已上九年旌
汪氏監生杜汝照妾
符氏嚴周新妻
包氏鍾邦雍妻
葛氏庠生劉炦妻
朱氏張君卿繼妻

陳氏袁桐芳妻　鄭氏顏光耀妻
王氏黃世傳妻　王氏黃協妻
王氏陳師楷妻
右據採訪冊咸豐間旌表
金氏高廷章妻　王氏庠生顧鶴翎妻
俞氏陳明達妻　呂氏孫元亨妻
沈氏曹仁祐繼妻　葉氏郎桂林妻
陸氏金慶思妻　金氏謝心得妻
金氏謝日勤妻（已上同治四年旌）　賈氏徐雙喜妻
趙氏俞克成繼妻　黎氏陳錫山妻
俞氏嚴金瑞妻　郭氏趙監周妻
俞氏夏福林妻　杜氏賈肯堂妻
陳氏陸聖夢妻　金氏茹廷相妻
朱氏監生俞紹倫繼妻　陳氏茶馬大使錢錫鎬妻
陳氏羅貫時妻　經氏杜子貴妻
顧氏儒士趙銅妻　石氏賈廷英妻
宋氏馮釆藻妻　李氏余延達妻
蔣氏陳開元妻　陳氏姚梅林妻

李氏姚一許妻　張氏何炳華妻
倪氏張秉忠妻　張氏王成龍妻
朱氏金淮妻　李氏職員趙維翰妻
宋氏賈旭旦妻　趙氏蔣筱雲繼妻
謝氏宋寶三妻　余氏邵林妻
章氏邵鳳秀妻　羅氏謝輪輝妻
王氏石懷璧妻　陳氏余光祖妻
賈氏徐清和妻　王氏陳枚妻
鍾氏姚萬黄妻　金氏儒士曹立標妻
吳氏張開國妻　沈氏虞生車暄妾
周氏李上達妻　范氏唐廷連妻
宋氏儒士賈渭叟妻　何氏夏維煥妻
李氏宋廣運妻　陳氏蔣汝舟妻
嚴氏邵泰來妻　俞氏邵緯人繼妻
應氏陸永良妻已上七年旌　金氏鍾光海妻
邵氏余如芳妻○採訪册如作汝
魏氏徐燈堂妻　周氏陳松雲妻
邵氏連恆初妻　杜氏楊光和妻

金氏王文祥妻
丁氏王樹美妻
郭氏余友孝妻
田氏陳松茂妻
田氏職員羅鈞繼妻
石氏王郁文妻
朱氏李禹美妻
王氏趙廷珍妻
朱氏武舉范人龍妻
王氏顧鳴和繼妻
趙氏葉國香妻○採訪冊香作相
王氏陸永新妻
徐氏趙遵海妻
黃氏顧宇文妻
黃氏監生陸道正妻
阮氏鍾潤昌妻○採訪冊昌作滄
朱氏儒士徐同義妻
嚴氏朱縱妻

石氏王安凝妻
徐氏杜克恭妻
孫氏余增泰妻
袁氏監生陳步洲繼妻
湯氏儒士王景元妻
周氏王鋐升妻
吳氏趙體乾妻
俞氏趙天祚妻
莫氏鄭繼康妻
俞氏郭宏法妻
石氏葉國治妻
陸氏沈舉妻
金氏邵遇心妻
趙氏祝茂椿妻
錢氏布政司照磨余臯妻
屠氏朱秀美妻

王氏俞國泰妻
余氏陳現鳳妻
杜氏陳廷章妻
李氏徐成元妻
夏氏袁炳妻
嚴氏余萬成妻○採訪冊成作盛
謝氏朱靜洨妻
郭氏俞亦孝妻
丁氏陳學明妻
李氏陳東標妻○採訪冊作黎氏
王氏袁廷珏繼妻○採訪冊珏作鈺
蔣氏監生袁杏妻
金氏連堯忠妻
朱氏周煥辰繼妻○採訪冊辰作仁
顧氏王呈蕚妻
孫氏李君仁妻
王氏趙鑲繼妻
金氏沈道元妻

陳氏俞德隆妻
謝氏陳松耀妻
趙氏陳肇奎妻
陳氏孫如淮妻
李氏余新富妻
陳氏朱生有妻
王氏陳明道妻
華氏儒士陳思誠妻
沈氏袁楷妻
蔣氏田純道妻
施氏連全妻
徐氏趙聖功妻
孫氏夏成達妻
周氏范沛豐妻

韓氏顧鳴鳶妻
趙氏庠生陸熙昌妻
朱氏葉一元妻
嚴氏儒士錢廷策妻
趙氏何思乾妻
杜氏監生嚴曦妻
袁氏庠生李震陽妻
沈氏夏景陽妻
趙氏沈廷圭妻
陳氏顧世晉妻
金氏陸玉林妻
丁氏陸德成繼妻
夏氏儒士葉欽和妻

王氏邵靜昇妻
倪氏葉運昌妻
俞氏韓同人妻
陳氏連楚高妻
邵氏王有德妻
潘氏嚴金榜妻
徐氏趙大田妻
馬氏沈里妻
王氏宋春森妻
孫氏鄭繼芳妻
金氏陸玉榮妻
徐氏葉文思妻
袁氏陳宗福妻祀上旌

右據闡幽丁錄同治間旌表

章氏陳南溢妻同治五年旌
周氏陳御寬妻
葉氏陳玉書妻
陳氏朱清浩妻

楊氏謝某妻上八旌
陳氏任廣和妻祀上旌
曹氏袁廷芳妻祀上旌
任氏俞發英繼妻

陳氏馮興宗妻
陳氏王英燦妻
王氏陳元瑞妻
蔣氏儒士胡景庶妻
姚氏儒士胡國瑛妻
方氏任禹庭妻祀上十二旌
右據題旌冊同治間旌表
趙氏儒士葉開勳妻
蔡氏包得冠妻
陳氏宋文蔚妻祀上同治旌
張氏儒士王英福妻
王氏許長春繼妻祀上七旌
王氏黃潤德妻八旌
羅氏陳占科妻
屠氏陳懷方妻
杜氏陳義方妻
賈氏陳泰運妻
金氏儒士葉尙春妻祀上九旌
蔣氏梅其公妻十旌
謝氏錢宮妻
吳氏袁震雷妻
唐氏許清泉妻
宋氏陳彥妻
龔氏王奎榮妻祀上十二旌
丁氏唐廷喧妻
宋氏杜建立妻
陳氏成禎祥妻
徐氏任靑選妻
龔氏胡守炘妻
王氏陳元勝妻
田氏五品封職賈坤元妻
黃氏陳元魁妻年二十餘而寡矢志貞守孝事翁姑嘗刲股療翁疾

右據採訪冊同治間旌表

黃氏徐占鰲繼妻○採訪冊四川人鰲業於川娶之越半載而鰲卒黃年二十四苦守喪幃待前子奔喪至始扶柩從子回虞紡紝營生足不出戸卒年八十二

丁氏陳安發妻○採訪冊發作法

姚氏張汝蘭繼妻　王氏陳濟幹妻

石氏王孝華妻　姚氏儒士王君祿妻

李氏趙大坤妻　蔣氏黃元妻

童氏郭錦宇妻　王氏儒士邵吉妻

鄭氏陳存仁妻　胡氏陳孝仁妻

朱氏王仙桂妻　顧氏章宗元妻

徐氏王世椿妻　陳氏儒士王啟鴻妻

章氏許元勤妻○採訪冊勤作瑾

陳氏許元連妻　陳氏宋楠妻

姚氏職員葛福珠妻　胡氏徐元龍妻

朱氏儒士徐樹棫妻　顧氏朱久照妻

金氏朱煥章妻　葛氏陳爾德妻

宋氏陳如桃妻　金氏陳煥照妻

胡氏錢吹豳妻○按戊錄遺吹字據採訪增

竺氏張瑞雲妻　張氏徐清瀚妻

俞氏陳繼艮妻　金氏朱朝宗妻

王氏徐蔡猗妻　趙氏陳鎬遷妻

周氏監生朱楚艮妻　鄭氏陳魁元妻

朱氏陳廷賢妻　余氏章宗貞妻

徐氏孫廷元妻　袁氏王炳如妻

丁氏嚴賓書妻○按戊錄賓作丙據採訪改

徐氏王楚英妻　余氏六品封職顧惠成繼妻

顧氏六品封職謝廷材妻　鍾氏葛松齡妻

王氏郭仁安妻　高氏魏鑲妻

王氏郭鶴齡妻　羅氏顧維新妻

陳氏謝德新妻○按氏一名兩旌今刪其一

徐氏邱文元妻○採訪册幼失恃事父孝父病刲股療之後適文元年二十四寡爲姑龔氏刲股療疾得愈卒年四十歲

徐氏石文星妻祀[illegible]光緒　呂氏徐紹美妻

余氏徐濟美妻　陳氏徐韶九妻

沈氏徐志範妻　金氏徐志清繼妻
石氏徐紹成妻　張氏徐寶傳妻
陳氏徐明德繼妻　陳氏徐開運妻
姚氏監生徐金福妻○按已上十八人既見戊錄又見已錄
明德一作鳴德姚氏又訛妾爲妻今不複載
吳氏儒士王德容妻　夏氏孫大康妻
符氏夏國治妻　錢氏五品封職王棣妻
符氏夏國昌妻○按戊錄作陳氏據採訪改
趙氏夏曰瑚妻　朱氏夏天星妻
任氏賈維良妻　陳氏倪椿榮妻
韓氏孫丞潮妻　項氏儒士王元偉妻
潘氏黃藩妻　鍾氏賈魯璠繼妻
錢氏賈魯觀繼妻　錢氏職員謝椿慶妻
陳氏顧繼林妻　余氏監生陸文棟妻
經氏糜明貴妻　呂氏徐元瑞妻
周氏吳春霆妻　葛氏齊德宗妻
丁氏陳毓蔚妻　萬氏陳聖瑞妻
朱氏雙節許氏朱元孝妻陳氏元德妻

董氏朱日潮妻
戚氏陳清遠妻
金氏陳繼南繼妻
魏氏庠生何慶澍妻
王氏周禹德妻
范氏李守美妻
俞氏賈騶妻
陸氏顧秉照妻
陳氏王上林妻○採訪冊上作佝
王氏杭世奎妻○採訪冊奎作魁
沈氏監生周維新妻
金氏呂金德妻
羅氏趙鶴翥妻
陳氏陸東泰妻

李氏盧爲占妻
徐氏陳清輝妻
許氏孫清先妻
錢氏王紹仁妻
諸氏金時飛繼妻
賈氏夏茂芝妻
項氏趙金德妻
沈氏何啟文妻
朱氏嚴允吉妻
顧氏賈寶三妻
郭氏趙存敬妻
徐氏華慶瑞妻

徐氏兩淮候補鹽運司知事謝元龍妾
張氏職員曹介福繼妻五品封職日昇女年二十封股療父疾得愈三十而寡守節三十六年
張氏儒士羅家善妻日昇次女年二十七夫卒矢志貞守

父與翁病氏皆割臂肉療之卒年三十九
余氏陸三雄繼妻祀上虞
王氏徐士元妻
朱氏陳思龍妻
胡氏監生甄聖源繼妻
倪氏孫詒慶妻
陳氏儒士錢官儀妻
張氏布政司理問銜楊帝臣妻
屠氏布政司理問銜經綸繼妻
施氏萬士翹妻
劉氏葉經元妻
陳氏徐恩康妻
陳氏徐泰康妻
宋氏茹大本妻
李氏朱金寶妻
蔡氏朱天麟妻
顧氏陳金鼇妻
徐氏陳福秀妻
吳氏監生甄芾棠妻
吳氏庠生　欽邮鹽知事銜錢敬箋妻○按已錄訛敬爲錦箋爲銓今正
姚氏王天才妻○採訪冊才作瑞
朱氏監生王協恭妻
嚴氏金桂林妻
余氏任國宰妻
馬氏趙德陞妻
陳氏夏經高妻○採訪冊經作金
屠氏謝漢生妻
俞氏六品封職謝元齡妻

俞氏六品封職謝聯慶妻
楊氏陸長生妻
張氏八品銜陳美妻
沈氏石開泰妻
章氏葉慶琛妻已上七年旌
張氏監生夏長康妻
吳氏陳水保妻已上九年旌

右據闡幽戉錄光緒間旌表

劉氏庠生五品封職胡仁榮妻
陳氏俞國楷妻
倪氏俞錫瑺妻
汪氏俞錫煬妻已上光緒三年旌
胡氏宋潤妻
劉氏謝觀瀾妻
車氏謝俊英妻
沈氏姚印璲妻○按旌冊遺印字據採訪增
楊氏王元妻
俞氏王廷彥妻
何氏王國楨妻
謝氏王學達妻
葉氏謝振雷妻
周氏袁堂妻
羅氏王明妻
陳氏王德潤妻
陳氏何渭川妻
袁氏賈邦翰繼妻
吳氏胡啟鵬妻○按旌冊遺啟字據採訪增
宋氏趙登鼇妻
許氏陳日昇妻
葉氏干總謝國卿妻
丁氏陳和乾妻

章氏王懷標妻
龔氏胡守墀妻
劉氏監生朱其祥妻
俞氏金鳳池妻祀上七旌
糜氏陳三德妻
沈氏陳海田妻
竺氏儒士陳維楨妻
單氏顧曹標妻
王氏監生石啟堃妻
謝氏章養齋妻
徐氏儒士俞志三妻
沈氏陳玉衡妻
李氏儒士陳金妻
周氏儒士陳僑妻
范氏姚德標妻
姚氏張衡玉妻○採訪冊作玉衡
張氏王瑞昌妻
某氏周珩妻

楊氏王博堂妻
尹氏潘福齡妻祀上六旌
錢氏監生陳潮妻
姚氏錢維熊妻
應氏張念益妻
方氏張文庶妻
袁氏賈桂芬妻
潘氏石秀章妻
顧氏謝開懷妻
王氏章桂英繼妻祀上九旌
陳氏俞錫麟妻
王氏陳新傳妻
鄭氏儒士陳嶸妻
沈氏監生陳德堃妻
鄭氏監生楊光普妻
鄭氏黃有德妻
朱氏李萬年妻

朱氏李萬鍾妻 鍾氏賈立堂妻
韓氏顧鴻寶妻 董氏俞錫山妻
葉氏陳思淵妻 張氏陳克明妻
阮氏楊寅生妻 王氏黃鍾佑妻
徐氏王裒蔭妻 夏氏梁彪妻
陳氏黃鍾潮妻 林氏董學信妻
虞氏夏廷貴妻 符氏賈貽書妻
貝氏賈濂妻○按旌冊濂作廉據採訪改
王氏范開泰妻 邵氏顧德順妻
顧氏謝占鰲妻 何氏謝錫珮妻
鄭氏謝萃秀妻 何氏謝奇齡妻
陸氏鄭錫類妻 顏氏張玉祺妻
王氏謝福昌妻 龔氏監生王紹陽妻
周氏萬繼悅妻祀上十年旌 章氏職員屠維嶽妻十二年旌
韓氏田煥文妻十三年旌 陳氏李蔭高妻
趙氏庠生徐朝光繼妻○按旌冊朝作潮據採訪改
姚氏周士亮妻 楊氏錢錫庸妻祀上十四年旌
黃氏符福貴妻○按旌冊作雨亭今書名

趙氏顧雲山妻　夏氏金振芳妻
汪氏張紹顏妻　鮑氏王仙根妻
胡氏陳瀾初妻　王氏李椿年妻
唐氏王金寶妻　韓氏監生黃景山妻
陳氏朱齊安妻　趙氏陳藏臍妻
徐氏監生倪丙杰繼妻　錢氏谷增貴妻
顧氏雙節沈氏監生顧棉繼妻媳嚴氏樹春妻
孫氏韓成章妻　梁氏庠生孫繩武繼妻
陳氏俞周航妻　陸氏俞進德妻
俞氏嚴懋政妻　陸氏朱長清妻
王氏羅長生妻　傅氏候選典史杭桐繼妻
王氏趙錫型妻　王氏姚聖若妻
錢氏雙節魏氏職員　欽卹鹽知事銜錢豹妻車氏儒士
叟妻
杜氏監生袁柜妻　錢氏萬繼安繼妻
郁氏徐仁和妻○採訪冊仁作人
陳氏庠生朱紹賢妻　謝氏徐元錦妻
王氏黃斐然妻　陳氏徐文耀妻

徐氏丁鳳邵妻
顧氏儒士王英豪妻
陳氏倪立堂妻
沈氏職員徐學良繼妻
許氏徐寶卿妻　祀上旌十五
李氏陳國安妻
葉氏何三妻
郭氏潘朝柱妻
張氏陳槐妻
馮氏羅學禮妻
蔣氏俞善發妻
蔣氏顧有梅妻
邵氏孫奇勳妻
俞氏陳升堂妻
周氏葛敬愼妻
李氏潘江妻
錢氏陳慶雲妻
吳氏張廷珍妻

丁氏徐若桂妻
車氏徐郁文妻
徐氏監生李衡繼妻
夏氏徐占奎妻
王氏監生俞長源妻
劉氏經升繼妻
龍氏陳熏妻
謝氏陳厚棠妻
賈氏趙登雲妻
張氏許傳霖繼妻
宋氏葉夢來妻
陳氏朱蘊香妻
陳氏經爾熙妻
袁氏從九品吳桂芬妻
楊氏儒士陳樾妻
李氏張貴寶妻
陳氏趙增賢妻
陳氏周大智妻　祀上旌十六

右據題旌冊光緒間旌表

宋氏儒士袁槎妻　顧氏桑兆增妻
曹氏雙節胡氏庠生曹大文妻陳氏培元妻
李氏金章發妻　楊氏田陽春妻
袁氏李春龍妻　吳氏李震雷妻祀上光緒元年旌
朱氏杜春風妻　王氏杜光泰妻
俞氏杜風妻　葉氏杜之翰妻
張氏杜景福妻　項氏杜煤妻
朱氏監生杜翼孔妻　陳氏賈九鳳妻
單氏袁玉田妻　孫氏包瀨因妻祀上二年旌
黃氏儒士錢錫範妻三年旌　張氏吳際堂妻
陳氏劉勤墉妻　石氏趙培妻
謝氏姚開先妻　余氏姚登士妻
黃氏儒士項澍妻　朱氏項文清妻祀上四年旌
謝氏陳維辛妻　顧氏謝嵩慶妻
蔣氏袁煥文妻祀上五年旌　林氏王壕妻
張氏王毓品妻　何氏錢履亨妻祀上六年旌
余氏杭正奎妻　朱氏職員錢聚仁妻

朱氏倪廣耀妻
俞氏儒士任文懋妻九年旌
朱氏儒士嚴廷楷妻
吳氏茹鼎新妻祀上十一旌
王氏顧時有妻
俞氏金賜福妻
曹氏鄭重妻
劉氏監生錢光蓉妻
黃氏陳乃德妻十二年旌
陳氏倪汝枘妻
周氏張廷瓚妻祀上十四旌
徐氏儒士陳得生妻
王氏陳運燦妻
葉氏俞普妻十六年旌
龔氏職員李永芳妻
王氏佾生黃春元妻
錢氏李燕懷妻
陳氏倪思華妻

王氏楊善章妻祀上八旌
劉氏儒士葛銘妻
沈氏宋雲青妻
王氏典史葉際堯妻
郎氏金士芳妻
朱氏王士言妻
趙氏丁增光妻
錢氏劉菽言妻祀上十二旌
錢氏丁增明妻
馮氏劉敏生妻
趙氏袁烽妻
袁氏監生吳銓妻
朱氏錢玉如妻祀上十五旌
黃氏佾生杜周德妻
錢氏黃瑞元妻
吳氏賈邦美妻
陸氏經之昂妻
張氏監生葛表繼妻

王氏陳萬清妻　陸氏成忠淇妻
馮氏魏兆榮妻　沈氏葛永愼妻
戚氏庠生黃起鵬妻　陳氏葛秉照妻
葉氏陳汝成妻　張氏王岷源妻
孫氏王化源妻
右據採訪册光緒間　旌表

上虞縣志卷十六上　列傳十二

上虞縣志卷十六下

列女姓氏錄

節婦

章氏徐振緒妻○按徐氏譜振緒行祿十二舊載譜行今書名

虞氏鍾省一妻適鍾二載生子鳴岐而省一死虞苦志貞守紡績撫孤娶媳周氏以孝稱○按周氏非以節著節婦表列其名誤今詳孝婦

潘氏唐聞樂妻　陳氏王寅十五妻

右據康熙志　旌年未詳

劉氏謝翟伯妻　胡氏黃應斗妻

陳氏錢宗回妻　華氏曹同德繼妻

夏氏曹貴十六妻　項氏曹育四妻

鄭氏龔舜揆妻　陳氏庠生龔文揆妻

黃氏徐應祥妻　顧氏王維禮妻

龔氏監生曹師曾妻
葉氏何斗瞻妻
夏氏鍾仲宣妻
董氏曹符夢妻
車氏張德恩妻○按前已有車氏張德安妻恩安疑字音之誤舊志兩載姑仍之
胡氏項起鳳妻
王氏徐聖道妻
張氏陳右之妻
李氏陳作梅妻
陳氏朱懋德妻
丁氏陸景袁妻年二十八寡事上撫下備稱孝慈有戚黨欺其年少非禮相干丁正色拒之
王氏任斯美繼妻
沈氏徐潤妻按氏舊志兩載今刪其一
右據嘉慶志　旌年未詳
陸氏趙士璜妻
杜氏顧麟圖妻

李氏何士麟妻
沈氏庠生王藎臣妻
胡氏陳弈蘭妻
周氏曹君顯妻
胡氏職員夏燕繼妻
劉氏何安國妻
徐氏陳溢妻
錢氏黎人鵠妻
孫氏劉士元妻
鍾氏陳月明妻
嚴氏顧新始妻
陳氏袁士臧妻

陳氏王君華妻　顧氏趙勣二妻
顧氏陳經妻　李氏宋鵬南妻
王氏羅儒芳妻守節撫孤積置道字號山十八畝捐爲義塚卒年八十餘
俞氏庠生謝宏業妻　張氏謝礽一妻
右據補稿　旌年未詳
余氏劉孟賢妻　陳氏劉瓚妻
屠氏劉徐剛繼妻○劉氏譜處女完貞
何氏劉潮妻
右據備稿　旌年未詳
竺氏庠生陳龍官妻　茅氏李維正妻
陳氏庠生章應楨妻　顧氏廩生章彭妻
謝氏監生章太儒繼妻　倪氏監生章斐妻
唐氏金耀曾妻　葉氏武舉章之浩妻
符氏章之源妻　倪氏陳世均妻
沈氏張思明妻　趙氏張忠賢妻
王氏張元慶妻　夏氏王式斐妻
徐氏王如璧妻　趙氏何萱十二妻

王氏何邦十七妻
蒲氏何其華妻
王氏監生賈祖堯妻
周氏錢涌德妻
萬氏朱維則妻
黃氏王朝臣妻
周氏李立方妻
王氏張若椿妻
唐氏張煥妾
成氏羅文思妻
王氏丁泰昌妻
潘氏陳天祿妻
萬氏戴維化妻
丁氏竺王猷妻
王氏張文燕妻
徐氏張文焯妻
孫氏張可學妻
金氏雙節孫氏金銓妻媳孫氏天祚妻

陳氏何日助妻
李氏陳顯文妻
嚴氏陳文德妻
顧氏葉廷璋妻
周氏監生陳宏敷妻
夏氏丁斯新妻
馮氏陳經禮妻
任氏監生王暻妻
徐氏羅鶴飛妻
金氏陳詩經妻
丁氏徐秉榮妻
徐氏王致平妻
范氏陳瀛占妻
張氏朱日宣妻
趙氏張文焴妻
王氏任作煌妻
鄧氏阮學孟妻

趙氏陳星耀妻　李氏徐陞報妻
王氏徐福報妻　李氏庠生金榜妻
馮氏李長柏妻　管氏須連三妻
王氏須連元妻　項氏謝梯述妻
宋氏馮釆藻妻　馮氏賈惇敦妻
陳氏職員王鼎懋妻　施氏連佩忠妻
石氏張首寅妻　何氏張峻德妻
劉氏議叙八品銜陳津妻　葛氏徐乾亨妻
陳氏徐鳴鳳妻　陳氏羅克仁妻
經氏徐悦德妻　趙氏監生徐玉瑞妻
周氏戚岐山妻　王氏馮宗聖妻
陳氏馮國讓妻　魏氏馮雲生妻
魏氏馮心會妻　羅氏馮宗仁妻
朱氏馮日昡妻　賈氏馮天贊妻
周氏馮宗海妻　徐氏周東來妻
祝氏陳文進妻　葉氏陳式銀妻
唐氏孫駢妻　夏氏孫日林妻
沈氏陳二祈妻　鄭氏陳昇妻

魏氏職員尹應淮妻
錢氏許淩雲妻
陸氏陳應鵠妻
杜氏陳恆妻
鍾氏顧承武妻
丁氏馬起兆妻
朱氏葛起雲妻
袁氏羅敦禮妻
倪氏羅公綺妻
汪氏羅文奎妻
羅氏雙節施氏羅伯楨妻媳王氏孝先妻
章氏羅日滎繼妻
夏氏羅以治妻
蔣氏羅國器妻
田氏羅宗圻妻
丁氏邵德興妻
羅氏邵達初妻
王氏邵祉山妻
馮氏曹在田妻
俞氏王克垙妻
董氏王克遠妻
張氏馬淑三妻
丁氏葉光宇妻
胡氏林正三妻
朱氏陳如春妻
張氏車翹妻
茅氏張開列妻
糜氏鍾坤妻
韓氏何衡十三妻
趙氏儒士何宇清妻
陳氏儒士何思兌妻
周氏謝玉芳妻
王氏鍾煥妻
余氏趙詩蘇妻
黃氏梁杞妻

徐氏候選縣丞陳樹敏妻
高氏王有良妻
顏氏張應緯妻
錢氏陳吹篪妻
陳氏雙節張氏南豐縣知縣陳澐妻張氏陳澐妾
葛氏陳美忠妻
徐氏俞茵妻
陳氏何丙榮妻
右據採訪冊　旌年未詳
萬氏監生張潮妻
吳氏庠生夏起鳳妻
周氏陳魯直妻
蔣氏杜坦妻
王氏盧始學妻
陳氏李慎修妻
曾氏徐國相妻
金氏鍾允文妻
鄭氏庠生陳黼廷妻

陳氏張楚堂妻
馬氏趙德陞妻
陳氏顧殿魁妻
徐氏夏禹功妻
汪氏徐孝廷妻
陳氏候補巡檢楊雅軒妻
陳氏傅壯菴妻
王氏曹夢科妻
陶氏庠生夏鼎元妻
陳氏俞必發妻
嚴氏宋太潤妻
馮氏監生張元銓繼妻
羅氏徐嘉模妻
陸氏郡庠生陳燮妻
羅氏監生陳贊廷妻
朱氏庠生陳揚廷妻

陳氏劉三畏妻
王氏成清彥妻
王氏職員黃光候妻
沈氏盧遠及妻
陳氏龔興仁妻
羅氏金如升妻
蔣氏李完赤繼妻
胡氏王躬信妻
范氏許自成妻
范氏許宜立妻
丁氏朱攸文妻
范氏蔣紹翰妻
陳氏李汝塏妻
石氏李萬年妻
李氏陸逢春妻
葛氏周光祖妻
杜氏周桓卿妻
陳氏趙德明妻
張氏王承福妻
馬氏王聖榮妻
金氏王聖祥妻
丁氏周廷高妻
徐氏周希旦妻
龔氏周貴一妻
任氏周肇成妻
經氏周作仁妻
龔氏周邦翰妻
陸氏周士淵妻
黎氏周宏仁妻
章氏鄭學超妻
陳氏鄭北溟妻
陳氏張允孝妻
謝氏王開基妻
陸氏陳聖玉妻
羅氏夏廣平妻
金氏夏國良妻

嚴氏夏采芝妻　李氏陳朝楠妻
陶氏陳聲鋐妻　金氏陳章三妻
潘氏鍾皆慎妻　金氏何文全妻
陸氏陳來妻　顧氏陳周範妻
沈氏職員陳廷佐妻　朱氏陳德峻妻
鍾氏陳明德妻　林氏俞周範妻
俞氏三節陳氏俞文昇妻媳陳氏秉銘妻孫媳何氏陳淼妻
謝氏何膺中妻　趙氏何敏中妻
沈氏何利川妻　董氏何國卿妻
陳氏呂光照妻　陳氏朱人榮妻
李氏俞世昌妻　黃氏俞若潢妻
黃氏范肇千妻　嚴氏丁墀妻
趙氏倪邦燮妻　王氏監生章藩妻
葛氏成麟璧妻　龔氏賈岐山妻
張氏監生車鳳岐妻　黃氏黎雲露妻
華氏沈章然妻　陳氏沈公寶妻
丁氏周雲千妻　金氏盧允再妻

謝氏葉藩侯妻
曹氏嚴永祿妻
賈氏孫元宰妻
陳氏董秀傳妻
丁氏竺應昭妻
王氏竺孟榮妻
葉氏顏成業妻
陸氏庠生顏巨瑋妻
金氏顏廷佐妻
郭氏潘上智妻
顧氏潘馭天妻
董氏成名位妻
陳氏王光茂妻
錢氏王九思妻
丁氏李成棟妻年二十四寡奉舅姑孝姑病刲股以療撫孤成立卒年六十有三
胡氏王錫侯妻
王氏祝惠時妻
王氏董廷秀妻
葉氏董明典妻
王氏董明亮妻
沈氏錢文采妻
蔣氏錢允臧妻
潘氏蔣宰臣妻
錢氏石志道妻
沈氏張紀武妻
趙氏潘雨亭妻
汪氏趙文德繼妻
沈氏李師惠妻○補稿年二十九而寡採薪撫孤艱苦備

歷

朱氏顧秉衡妻
李氏張庭側妻

胡氏陸南甯妻　王氏朱鵬德妻
王氏陸經國繼妻　田氏陸本南妻
潘氏田成樂妻　陳氏田承緒妻
賈氏陸韶章妻　丁氏張鶴年妻
邵氏李孔麟妻　夏氏李興周妻
王氏李如垣妻　薛氏張子熙妻
杜氏周五典妻　陳氏田臧妻
曹氏張家龍妻年二十一夫亡矢志苦守翁患瘋疾卧床
褥六載曹醫禱無效情劇刲股迄不救喪葬悉如禮後
以壽終
潘氏周邦藩妻　金氏李文炳妻
楊氏方蘊玉妻　賈氏周韓昌妻
沈氏張東華妻　顧氏田耕妻
賈氏田庚妻　魏氏方北喬妻
周氏方宏裕妻　嚴氏張汝階妻
胡氏田應魁妻　鄭氏方雍昌妻
許氏石煥章妻　陳氏石作霖妻
俞氏張德剛妻　吳氏職員田玉泉繼妻

丁氏石文炳妻

曹氏石省三妻

潘氏張毓秀妻

羅氏張日六妻

陳氏王祖本妻

謝氏羅麟瑞妻

羅氏三節陳氏羅鴻度妻媳陳氏廷獻妻姪媳史氏廷栻妻○按表鴻作宏廷作庭傳栻作式並誤據羅氏譜改

陳氏王世芳妻

顧氏王巨昌妻

賈氏庠生趙從儉妻

王氏趙廷珍妻

田氏趙見善妻

陳氏趙大化妻

徐氏周允恭妻

童氏周朝陽妻

賈氏趙倫如妻

徐氏羅鼎妻

陳氏張應復妻

沈氏張賀五妻

王氏趙祖法妻

曹氏趙福岳妻

金氏王啟豐妻

陳氏羅天七妻

呂氏王永清妻

徐氏王善達妻

徐氏王子瑞妻

李氏趙邦典妻

張氏王德功妻

朱氏趙有岐妻

楊氏羅豐吉妻

孫氏羅大綱妻

金氏趙子賢妻

夏氏羅培源妻

金氏鄭漢公妻
林氏徐一贊妻
羅氏庠生趙公載妻
田氏徐重光妻
鄭氏羅增翼妻
范氏庠生徐倎妻
胡氏徐誠侯妻
羅氏曹鍾妻
吳氏趙景思妻
徐氏夏璜妻
章氏徐洪源妻
陳氏徐泓祖繼妻
倪氏王育萬妻
戚氏王成翰妻
張氏陳會緒妻
劉氏監生徐梅妻
徐氏王贊元妻
陳氏徐周禎妻
盛氏王元中妻
王氏徐恩思妻
葛氏曹甘來妻
趙氏王積榮妻
章氏曹厚曾妻
陳氏曹孝裔妻
任氏王殿翰妻
王氏徐國本妻
金氏王爾顯妻
王氏曹周輔妻
俞氏曹尹妻
王氏庠生徐繩佐妻
趙氏曹闔詩妻
夏氏徐增魁妻
嚴氏徐熙佐妻
謝氏徐世幾妻
趙氏曹思任妻
吳氏曹溥一妻

嚴氏徐允文妻
陳氏王德維妻
章氏曹光祖妻
章氏徐大綸妻
沈氏徐大綬妻
賈氏王紹緒妻
陶氏曹恭益妻
葉氏徐允仁妻
郭氏徐漢昌妻
陶氏庠生徐允元妻徐氏諱早寡事舅姑孝繼子芳曾又卒與媳嫠居撫孤孫成立
李氏徐廷翊妻
駱氏曹直一妻
嚴氏徐時中妻
董氏徐晉昭妻
郁氏徐錫圭妻
蔣氏陳吉人妻
王氏陳聖綱妻
陳氏庠生徐震妻
馮氏王存義妻
謝氏王肯堂妻
邵氏曹球一妻
鄧氏徐慎思妻
俞氏王廷璐妻
何氏監生徐濟川妻
田氏袁鳳鳴妻
張氏徐世道妻
胡氏夏大經妻
應氏徐端卿妻
田氏徐寅彬妻
宋氏曹允吉妻
丁氏徐洪茂妻
陳氏徐大文妻
陳氏鍾星文妻

胡氏鍾大本妻　潘氏夏大陞妻
李氏謝遠公繼妻　高氏陳天禾妻
徐氏陳大德妻　李氏鍾文秀妻
霍氏謝志文妻　丁氏鍾向祿妻
聞氏謝言倫妻○按舊志倫作綸據謝氏譜改
孫氏陳大千妻　任氏陳成全妻
胡氏謝友韓妻　杜氏陳建周妻
呂氏陳予閑妻　王氏謝瑚妻
黃氏陳愈燦妻　陸氏陳濟川妻
許氏庠生陳錫範妻　田氏陳霞章妻
潘氏陳如楷妻　羅氏陳如彬妻
孟氏陳如松妻　張氏陳廷美妻
厲氏呂安國妻　陸氏崖州巡檢謝士畯繼妻
何氏謝承龍妻○按舊志訛龍爲龍據刊誤改
秦氏呂宸惠妻　呂氏陳大造妻
沈氏呂周篆妻　鍾氏陳某妻
趙氏呂曾存妻　何氏謝麟妻
趙氏呂允文妻　許氏陳其述妻

田氏陳漁妻
貝氏呂君銘妻
謝氏陳尊五妻
金氏陳思宗妻
周氏陳望昌妻
邱氏呂紹昌妻
趙氏呂德彩妻
黃氏呂鶴立妻
任氏陳牧之妻
夏氏陳宏業妻
宋氏呂思位妻
金氏陳世忠妻
王氏金士貴妻
徐氏葛瑞龍妻
徐氏陳際辰妻
朱氏陳元士妻
成氏俞廷瑞妻
唐氏丁駿繼妻
桑氏陳文秀妻
婁氏朱殿章妻
謝氏雙節王氏謝繼端妻媳
何氏榮先妻
龔氏鍾祖賢妻
潘氏俞國豪妻
陳氏朱冠周妻
李氏朱大茂妻
楊氏陳商頌妻
趙氏陳純忠妻
陳氏徐大鵬妻
俞氏郭之森妻
許氏朱宏茂妻
丁氏劉學信妻
張氏陳如賢妻
徐氏俞萬歡繼妻
嚴氏俞聖植妻
羅氏俞睿照妻

張氏朱邦華妻　田氏倪玉岑妻
杜氏劉士勝妻　陸氏朱國贊妻
於氏俞士昂妻　陳氏倪景周妻
徐氏馮克倫妻　陳氏倪熙妻
羅氏倪士龍妻　孫氏朱朝聘妻
黎氏朱時中妻　謝氏倪宗美妻
徐氏朱見章妻　謝氏朱敏修妻
陸氏鄭鎬十二妻　陳氏任文星妻
謝氏倪承志妻　石氏馮聖時妻
朱氏郭文采妻　王氏任顯達妻
黃氏倪承恕妻　夏氏倪成南妻
沈氏朱忠四妻　任氏史在龍妻
陳氏郭光祖妻　祝氏經學禮妻
徐氏經艮佐妻　徐氏經子生妻
車氏范充吾妻　董氏唐尚志妻
陳氏龔世法妻　李氏唐禹甸妻
陳氏龔邦美妻　王氏車華彬妻
章氏唐朝翰妻　朱氏章萬化妻

陳氏車識南妻　范氏唐萬方妻
陳氏龔敬臣妻　韓氏沈韶舞妻
鄭氏龔聖千妻　顧氏嚴開周妻
徐氏唐廣生妻　王氏沈成業妻
趙氏嚴輝遠妻　袁氏唐殿衛妻
鄭氏顧志高妻　陸氏嚴永昌妻
周氏盧可達妻○按氏舊志兩載今删其一
嚴氏沈維茂妻　張氏賈朝綱妻
鄭氏嚴廷輝妻　張氏葉天佑妻
茹氏嚴必銘妻　朱氏潘學禮妻
徐氏錢象參妻　任氏金德修妻
石氏賈元選妻　羅氏錢祖德妻
陳氏嚴松鶴妻　王氏余濟川妻
趙氏高元宰妻　俞氏陸禹封妻
馬氏葉鳴羽繼妻　張氏錢維岳妻
徐氏金世盛妻　顧氏余友諒妻
曹氏嚴承嘉妻　郭氏韓魯泉妻
丁氏高漢艮妻　孫氏賈煌妻

王氏董明良妻
葉氏祝士發妾
潘氏金日彩妻
陳氏竺宗海妻
張氏余維城妻
章氏連國榮妻
嚴氏孫元瑞妻
丁氏魏松貴妻
朱氏陶元瑞妻
潘氏阮景孟妻
成氏楊景山妻
王氏潘重豪妻
茅氏賈藎臣妻
賀氏許元惠妻
王氏茅承祖妻
梅氏李清德妻
王氏潘秉銓妻
姚氏王明達妻
王氏李士先妻
王氏周成書妻
柯氏李錫麟妻
華氏周敬巖妻
徐氏趙思元妻年二十六思元歿孝事翁翁病刲股調藥愈之撫遺孤成立
余氏趙鼎成妻
張氏周明書妻
周氏徐元福妻
朱氏庠生王家炎妻
趙氏羅大雅妻
石氏陳玉書妻
張氏陳鳴鳳妻○府志作鳳鳴
張氏陳三元妻
俞氏陳德章妻

丁氏陳三杰妻　徐氏陳紹平妻
宋氏謝思郎妻　陳氏劉景芳妻
趙氏庠生任思統妻　邵氏謝成仁妻
周氏謝啟光妻　胡氏陳禮川妻
石氏任志誠妻　金氏任立本妻
張氏姚大方妻○按嘉慶志烈婦傳有張氏姚大芳妻疑
方爲芳之訛姑存之
孫氏俞思則妻　汪氏謝連元妻
陳氏鍾操五妻　張氏俞思倫妻
虞氏庠生范麟章妻　王氏黎克成妻
田氏陳君榮妻　茹氏陳晏如妻
馬氏丁如桂妻　吳氏黎雲燦妻
朱氏倪允中妻　顧氏龔朝端妻
葉氏唐學洙妻　李氏宋松茂妻
夏氏祝開文妻　季氏陸鍾間妻
許氏杭正聖妻　徐氏金耀如妻
胡氏雙節呂氏胡鯤妻余氏鱠妻○按鯤字繡文舊志作
文秀鱠舊作繪並誤今正

王氏張廷蘭妻
孫氏職員陳銑妻
丁氏陳孔璋妻○府志璋作彰
倪氏陳施濟妻
杭氏章陶賡妻
倪氏龔朝皇妻
徐氏孫雲龍妻
葛氏馬俊妻
任氏錢士陸妻
張氏庠生趙之鼎妻
張氏徐會侯妻
王氏謝國輔妻
夏氏許士良妻
沈氏雙節陸氏沈三周妻媳羅氏成德妻○按羅氏舊志
失載據府志補
董氏王釆芹妻
呂氏丁世傑妻
胡氏陳植豐妻
趙氏俞繩武妻
余氏徐有年妻
孟氏嚴宗麟妻
王氏呂叔恆妻
蔣氏趙大本妻
賈氏謝世珍妻
葉氏張可使妻
顧氏謝二桂妻
沈氏張擘石妻
茹氏顧瑛玉妻
項氏庠生陳籌增妻
趙氏葛同繹妻
胡氏徐若伊妻
徐氏曹得天妻
沈氏陳其宗妻

黃氏謝廷輔妻　戚氏張克昌妻
胡氏謝德樞妻　沈氏徐績妻
郭氏潘廷卿妻　丁氏徐邁周妻
葛氏丁宗翰妻　周氏庠生徐元玫妻
戴氏陳師閔妻　曹氏庠生徐自信繼妻
陸氏方廷臣繼妻○府志年十九夫死於虎守節五十七
年艱苦備嘗事姑尤孝
趙氏陳兆炎妻　謝氏徐若曾妻
孫氏陳名卿妻　顧氏陳習禮妻
王氏謝以仁妻○舊志仁作任據謝氏譜改
婁氏丁靜芝妻○府志芝作之
朱氏范鴻仁妻○府志早寡家奇貧母欲奪其志撫孤誓
守至茹草充饑
吳氏魏時沛妻　錢氏戚因武妻
李氏章御天妻　杜氏庠生陳赤爲妻
沈氏朱宗四妻○按前已有朱忠四妻沈氏府志僅載宗
四宗忠疑傳寫之誤今姑並存
王氏葉文裕妻　鄭氏丁登庸妻

沈氏章燮妻
俞氏陳朝佐妻
沈氏庠生徐鶴翔妻
曹氏章子文妻
張氏王善德妻
孫氏陳伯源妻
呂氏王聖泉妻
陳氏趙復塬妻
經氏俞櫃妻
戚氏錢殿卿繼妻
魏氏陳贊侯妻
丁氏葛虎卿妻
陳氏郡庠生賈焜妻年十四母病刲股得痊二十四寡守節五十餘年
葛氏雙節陳氏葛盧中妻媳胡氏漢章妻○按胡氏舊志失載據府志補
徐氏葛汝佑妻
陳氏任玉炎妻
賈氏田維友繼妻
宋氏謝啟人妻
孫氏徐濟妻
徐氏庠生張樑妻
丁氏呂周輔妻
龔氏杜兆彪妻
田氏監生羅垂雲妻
沈氏石瑞宇妻
王氏丁秉元妻
李氏戴耀宗妻
胡氏陳德元妻
徐氏趙汝公繼妻
宋氏劉士玉妻○府志作上玉

趙氏羅廷璵妻○府志年二十三適羅數月廷璵客山左死舅姑令改適氏輒投繯乃已繼姪爲嗣後以壽終○按表璵作嶼誤

王氏陳士達妻
曹氏萬鳳幹妻
葉氏石廣大妻
徐氏呂正顯妻
葉氏丁殿鍾妻
田氏徐久元妻
朱氏呂繩萊妻
徐氏錢殿鑑妻
陶氏王繩武妻
陳氏趙必祿妻
鄭氏呂景彬妻○舊志景作晨據府志改
陸氏陳遜修妻
厲氏吳師旦妻○府志年十九寡子甫一齡紡績奉瞽姑里內諸惡少覬覦之即奉姑與子移就父家○按舊志訛旦爲目據府志改

葛氏徐顯之妻
夏氏任君佩妻
車氏任元禮妻
孫氏徐濟川妻
厲氏吳應昌妻
胡氏葉瑞鳳妻
倪氏陳國傳妻
陳氏丁通疆妻
王氏陳大忠妻
沈氏趙友蘭妻
顧氏陳文榮妻

方氏葉聖傳妻　楊氏馬增妻
陳氏姚德峻妻○府志峻作俊
余氏董國盛妻　沈氏田家修妻
吳氏李維岳妻　王氏陳悅輝妻
張氏王汝杏妻　阮氏石文字妻
陳氏許嘉發妻　胡氏袁芝茂妻
陸氏袁武英妻　王氏李汝培妻
郭氏張榮宗妻　夏氏許文定妻
金氏丁長德妻　葉氏丁爾賡妻
朱氏丁日貴妻　蔣氏羅世貞妻
陳氏沈廷瀚妻　陶氏章九賡妻
葉氏陳聚源妻　張氏王開六妻
徐氏陳金殿妻　何氏張尚臣妻
李氏徐連科妻　史氏陳文安妻
陳氏嚴鴻炎妻　王氏俞某妻
楊氏俞璧文妻　朱氏王介伊妻
俞氏丁聲揚妻　王氏張枝繁妻
朱氏周岳方妻　羅氏潘紹箕妻

黃氏王明妻　趙氏任世範妻

朱氏王天祁繼妻　任氏鍾子麟妻

任氏史靖節妻　胡氏王民豐妻

陳氏王世卿妻　羅氏王憲公妾

孫氏謝如海妻　李氏王如日妻

華氏周成祚妻　羅氏王敬文妻

戚氏王敬和妻　王氏陳芳林妻

施氏王學增妻　章氏丁元臣妻

施氏嚴懽妻　王氏潘廷臣妻

馮氏潘廷爵妻　陳氏杜世英妻

梁氏張善能妻　張氏王如棟妻

趙氏杜冠三妻　徐氏杜學濱妻

陸氏杜宗海妻　丁氏劉允發妻

何氏石孟康妻　鍾氏徐祥貴妻

金氏陳緦宗妻○按采旌表三載金氏皆適陳一思宗妻一世宗妻一緦宗妻思宗妻見前已旌今刪其一餘並存

陳氏徐際辰妻　張氏陳天叙妻

徐氏陳興宗妻　賈氏陳步山妻
周氏陸國鈞繼妻　葉氏陳某妻
孫氏徐公納妻○按氏舊志失載據府志補
王氏丁大明妻

右據嘉慶志俱未旌

趙氏雙節呂氏趙贊元妻媳史氏挺六妻
顧氏雙節章氏顧攀龍妻謝氏八龍妻
金氏趙子賢妻　黎氏趙峒妻
羅氏庠生趙貽穀妻　潘氏監生李治妻
蔣氏李中妻　陳氏李如桃妾
金氏李必達妻　蔣氏李葉妻
李氏雙節丁氏李標妻媳鄭氏鳴玉妻
李氏雙節金氏李遇泰繼妻媳陳氏仁德妻
張氏李王恩妻　田氏李培德妻
陳氏趙汴十八妻　朱氏趙安妻
倪氏趙敬文妻　陳氏鄭鈞妻
徐氏陳履占妻　林氏鄭禹鳳妻
陳氏鄭瑞龍妻　包氏鄭君達妻

丁氏鄭天因妻　丁氏鄭文鑣妻
林氏趙景範妻　洪氏趙文英妻
陳氏沈標妻　馮氏趙德彰繼妻
張氏趙申佑妻　孫氏趙軼羣妻
錢氏趙思位妻　謝氏顧達吉妻
劉氏姚仲麟妻年二十而寡無子事翁姑盡禮翁歿與姑
同寢處勤女紅足不下樓卒年四十
江氏廣東朱崗司巡檢倪鳳妻
梁氏倪鎮一妻　陸氏倪運鑣妻
王氏趙愉庭妻　方氏趙君升妻
孫氏謝子俊妻　邵氏謝錫豹妻
謝氏雙節趙氏謝心一妻媳金氏則天妻
沈氏謝甯清妾　胡氏職員謝憲祁繼妻
陳氏謝章五妻　祝氏謝復臣妻
謝氏雙節何氏謝顯能妻馮氏顯武妻
陳氏謝秀文妻　李氏謝汝英妻
王氏監生謝廷桂妻　倪氏謝宏度妻
何氏謝公源妻　王氏謝宏道妻

陳氏謝士煒妻
田氏謝如彬妻
蔡氏謝國選妻
徐氏袁天秩妻
宋氏袁子充妻
謝氏袁作霖妻
朱氏袁茂傑妻
謝氏廩生范正繼妻
鄭氏沈柱妻
楊氏王宗美妻
沈氏王大英妻
陳氏俞介藩妻
李氏羅世祿妻
趙氏俞咸如妻
余氏俞紹成妻
何氏陳壎妻
葉氏俞法二妻
楊氏顧宗本繼妻
周氏顧晉盛妻
王氏顧鼎和妻
陳氏顧宏才妻
金氏顧士驥妻
徐氏范奇英妻
陳氏顧珍妻
沈氏德平縣尉俞彬二妻彬二甫獲選卒於京氏往京扶櫬歸守節無子
李氏庠生俞觀國繼妻年二十寡矢志守貞姑病刲股以療者再
何氏俞京十妻
潘氏俞卞龍妻
顧氏俞坤八妻
陳氏俞大造妻

朱氏庠生俞天瑞繼妻
陳氏俞漢妻
陳氏俞大緒妻
倪氏佾生俞必律妻
朱氏俞秉鑛妻
朱氏俞傑三妻
王氏俞桂芳妻
謝氏田於禮妻
謝氏田國涵妻
詹氏倪運籌妻
孫氏田時宜繼妻
沈氏謝昌運妻
胡氏庠生石思齊妻
經氏俞喬年妻
宣氏陳紹經妻
陳氏楊永昌妻
謝氏陸方頤妻
羅氏桑炳如妻
謝氏陸繼宗妻
夏氏呂某妻登魁母
陸氏三節章氏陸邦珍妻媳陳氏陸學賢妻陳氏學詩妻
徐氏監生賈學茂妻
何氏陳應龍妻
沈氏田方庠妻
何氏顧如瀾妻
杭氏陳勗皇妻
謝氏朱藻妻
陳氏曹禹候妻
邱氏金殿文妻
陳氏王德洄妻
丁氏杜壽亭妻
陸氏王繼安妻
金氏嚴服周妻
楊氏方世成妻備稿世成本籍餘姚氏既寡攜四子居虞

結茅於蘿巖之麓奉佛以終今其墓在焉
車氏三節劉氏車宏千妻媳汪氏扶九妻何氏耀先妻
王氏車維周妻
謝氏車心浩妻
趙氏宋孝妻
王氏宋際泰繼妻
潘氏宋國楚妻
張氏宋天授繼妻
顧氏謝紹正妻
曹氏庠生萬年清妻
陳氏王元校繼妻
曹氏張登高妻○按氏乾隆間夫故守節
顧氏楊某妻○顧氏譜應聘女守節撫遺腹子瑞珍
謝氏王學達妻
朱氏賈裕昌妻
謝氏宋旭初妻
田氏羅家旦妻
宋氏陸振名妻
葉氏車輿瑞妻
陳氏宋維翰妻
徐氏宋學教妻
鄔氏宋玫妻
俞氏謝宏禮妻
李氏謝紹安妻
何氏顧如陵妻
陳氏張文炳妻
徐氏王邦燮妻
陳氏杜鋮妻
沈氏陳珥妻
田氏陸孝昌妻
宋氏陸秉貞妻
謝氏陳書經妻

謝氏羅安道妻
謝氏張嘉懋妻
劉氏邵萬鍾妾
宋氏王存眞妻
俞氏陸斐章妻
章氏陳如崚妻
蒲氏張周行妻
顧氏張周範妻
王氏朱錫嘉妻
竺氏梁國民妻
曹氏張登皐妻○按氏嘉慶間夫故守節
俞氏吳某妻
顧氏茹佩干妻
李氏嚴萃妻
胡氏倪堃妻餘姚舉人胡壆女年二十七守節事繼姑孝
姑殁捐衣珥以葬
王氏林孔安妻
夏氏章玉書妻

錢氏王如山妻
沈氏王懷仁妻
金氏陳濟川妻
倪氏陸美章妻
金氏桑廷發妻
章氏張承坤妻
沈氏王學尚妻
金氏朱德崚妻
陳氏何致中妻
黃氏陳學貞妻
梁氏知州顧大年妾
趙氏嚴栻妻
潘氏嚴秉和妻
朱氏顧夢舟妻
陳氏章啟剛妻

陳氏貝李如妻　顧氏陳初方妻
陸氏陳壎妻　陳氏龔志燦妻
戚氏朱位南妻　徐氏朱志華妻
唐氏宋必榮妻　董氏吳維城妻
岑氏車砥中妻　石氏宋驥妻
朱氏周良才妻　章氏韓維貞妻
夏氏范啟東妻　范氏吳志堯妻
張氏趙元英妻　夏氏陳元益妻
謝氏趙宏芳妻　黃氏庠生趙一新妻
右據補稿俱未旌
徐氏劉思齊妻　許氏劉允燕妻
右據備稿俱未旌
羅氏陳志學妻　吳氏陳天保妻
鍾氏丁大化妻　王氏丁英發妻
陳氏丁浩妻　盧氏李維城妻祀上順閭人
杜氏李辰妻　杜氏李式文妻
王氏趙景純妻　呂氏姚廷宰妻
陳氏丁世賢妻　王氏阮宗譽妻

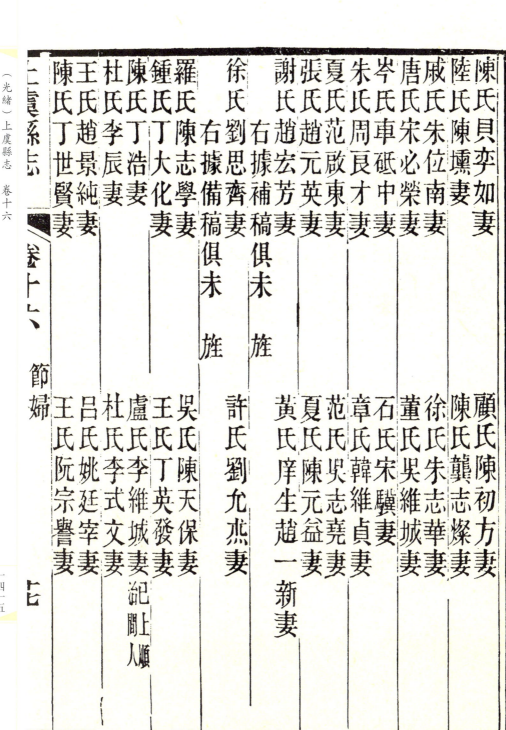

徐氏車克昌妻　胡氏王廷顯妻
王氏連殿揚妻　陳氏王鼎高妻
章氏陳章瑞妻　朱氏陳德彪妻
黃氏徐期元妻已上康熙閒人　許氏徐期遷妻
夏氏馬子千妻已上雍正閒人　陸氏陳南文妻
謝氏陳雲衢繼妻　倪氏陳有義妻
朱氏車瑞昌妻　陸氏丁天保妻
董氏俞森妾少嫠子弱小家多外侮氏輒忍受數出貲粟
周恤之人稱賢淑卒年七十有四
夏氏許際嵩繼妻　金氏李南塘妻
金氏章震宗妻　厲氏謝俊艮妻
朱氏沈邦勳妻　胡氏陳九達妻
陳氏王廷槐妻　張氏李渭彪妻
王氏朱大邦妻　馬氏章立言妻
潘氏增生錢景崧妻　俞氏顧樹槐妻
馮氏許長安妻　經氏金如相妻
王氏李殿相妻　徐氏馮于臯妻
張氏雙節黃氏張學全妻媳陳氏乘輿妻

王氏章大占妻
鄭氏監生陳燠妾
黃氏陳墠妻
葛氏馬克峻繼妻
施氏陳潮梁妻
夏氏許成德妻
吳氏王夢賚妻
華氏趙光宗妻
孫氏葉南喬妻
顧氏羅承永妻
張氏陳文泝妻
徐氏李楹妻
姚氏朱思賢妻
顏氏丁應可妻
某氏沈可銘妻
馮氏任應榮妻
朱氏儒士錢君聘妻
黃氏林士誥妻
張氏許岳貞妻
黃氏馬環妻
陳氏李思增妻
王氏李天鳳妻
茅氏谷連陞妻
趙氏朱福初妻
許氏姚松球妻
劉氏李明達妻
馮氏任宇奠妻
呂氏李金梶妻
俞氏李其昌妻
孫氏經志高妻
田氏李清渠妻
宋氏林景蘭妻
程氏蔣日秀妻
鍾氏李鳳鳴妻
吳氏厲載行妻
丁氏董繼奎妻

吳氏經玉衡妻
戴氏章志遠妻
李氏沈尊三妻
許氏貝敬南妻
萬氏王暄崿妻
朱氏何佩三繼妻
嚴氏羅濟飈妻
潘氏李克明妻
馮氏金德寶妻
曹氏連爾奇妻
童氏羅公美妻
何氏沈高有妻
李氏朱遠彰妻
田氏羅林妻
倪氏厲如林妻
葉氏五品封職劉錫麒妻
周氏林艮宰妻
魏氏吳廷侯妻以上乾隆間入

夏氏王安祥妻
倪氏周艮棟妻
孫氏杭三鳳妻
陳氏章行之妻
王氏章泰嘉妻
李氏陸宇祥妻
陸氏夏際泰繼妻
馮氏俞景運妻
俞氏章祖貴妻
陳氏王永春妻
劉氏徐廷佐妻
鄭氏江光有妻
倪氏盧孔麟妻
梁氏厲敵周妻
陳氏貝錫九妻
李氏鄭巨源妻
王氏鄭德芳妻

杭氏雙節賈氏杭南粱妻媳李氏殿朝妻
陳氏雙節趙氏陳聖傳繼妻媳徐氏春谷妻
陳氏三節葉氏陳圭三妻媳史氏東來繼妻孫媳蔡氏森正妻
章氏雙節林氏章德沛妻媳孫氏益範妻
章氏雙節田氏章萬祥妻媳田氏士恆妻
何氏雙節胡氏何庭遷妻媳陳氏茂盛妻
顧氏雙節倪氏顧樹海妻媳王氏名祥妻已上姑乾隆間人媳嘉慶間人
尹氏賈名山妻
陳氏俞太占妻
王氏吳文彩妻
阮氏顧培先繼妻
張氏任聯奎妻
吳氏林東敞繼妻
陸氏嚴文英妻
俞氏陳開文妻
傅氏葛立元妻
趙氏李一枚妻
倪氏王敵賢妻
金氏李炯妻
張氏夏天定妻
金氏俞鑑堂繼妻
葉氏徐如源妻
陳氏厲學忠妻
陳氏謝開笙妻
謝氏范思安妻
陳氏姚起蛟妻
許氏倪邦林妻

陸氏林載春妻
葉氏葛光容妻
李氏鄭遐年繼妻
金氏黄偉繼妻
龔氏朱天眷妻
王氏孫文雲妻
陳氏章德威妻
羅氏杜瑞春妻
姚氏俞一全妻
孫氏高雲麟妻
范氏莊三元妻
徐氏韓光照妻
俞氏經永祥妻
張氏孫廷俊妻
沈氏李聖恆妻
俞氏賈泰來妻
丁氏陳漢惠妻
俞氏陳大釗妻

陳氏李沅妻
朱氏周俊福妻
王氏張允祿妻
徐氏謝世高妻
孫氏朱蒼巖妻
夏氏陳際會妻
魏氏賈廷先妻
李氏葉心吉妻
萬氏張大來妻
王氏景天爲繼妻
王氏陸奎先妻
賈氏厲學成妻
陳氏王德增妻
何氏陳御龍妻
顧氏章學周妻
金氏謝文誠妻
謝氏監生錢貽穀繼妻
朱氏傅金文妻

周氏陳日昇妻
張氏陳鑛妻
陳氏柴文光妻
丁氏馮時憲妻
顧氏謝應文妻
陳氏姚福林繼妻
鄭氏王芳妻
杭氏賈行騋妻
朱氏車琳繼妻
車氏胡孔良妻
唐氏車允揆妻
章氏鄭雲義妻
陳氏朱玢山妻
陸氏馬嘉梓妻
王氏范元淇妻
邵氏羅漢雲妻
阮氏俞秉常妻
倪氏虞斯信妻

鄭氏林松青妻
萬氏儒士錢庭葵妻
李氏顧增魁妻
戚氏張福增妻
王氏陳錫章妻
朱氏舉人俞賡颺妻
孫氏沈嘉香妻
胡氏謝應麟妻
王氏張人傑妻
楊氏朱德和妻
鍾氏張鳳山妻
俞氏陳文奎妻
趙氏倪成孝妻
陳氏徐延鈞妻
華氏鍾邦治妻
陸氏羅漢飛妻
陳氏余維全妻
劉氏葛朝鑒妻

羅氏謝元文妻　吳氏監生王國欄繼妻
陸氏賈景山妻　倪氏黃宗貴妻
俞氏徐冠唐妻　邱氏陳載揚妻
鄭氏馬元昌繼妻　顧氏柴學寶妻
劉氏李鴻柟妻　王氏謝兆元妻
丁氏陳學瀾妻　俞氏高雲鳳妻
董氏王星茂妻　周氏張景義妻
姚氏陳泉清妻　王氏賈行範妻
丁氏盧國相妻　裴氏陳宇桂妻
顧氏監生潘濟昌妻　俞氏徐忠信妻
華氏曹升標妻　謝氏竺錫圭妻
朱氏儒士陳若銓妻　俞氏鍾登科妻
章氏陳懿敬妻　葉氏王永茂妻
林氏張爾圭妻　丁氏王啟高妻
吳氏王堯春妻　馮氏陳道遵繼妻
朱氏林鶴函妻
倪氏李永茂妻　柴氏曹析林妻
周氏倪周林妻　朱氏儒士余光濟妻

顧氏監生魏大剛妻
傅氏黃朝宗妻
李氏陳大川妻
俞氏谷茂堅妻
厲氏張尙治妻
陳氏柴之忠妻
任氏丁奠山妻
陳氏徐潮林妻
夏氏三節虞氏夏紹粱妻王氏紹橐妻章氏紹栽妻
朱氏顧春芳妻
葉氏張可成妻
王氏李佩金妻
王氏羅克孝妻
鍾氏儒士王峻山妻
趙氏朱同益妻
王氏徐廷貴妻
任氏呂聲律妻
王氏葉澧香妻
錢氏謝卓元妻
單氏石天沾妻
俞氏鄭廷秀妻
李氏蔣華春妻
曾氏朱德昇妻
姚氏陳桃連妻
王氏潘福龍妻
朱氏顧萬盛妻
陳氏章兆奎妻
黎氏徐元三妻○三一作珊
華氏林安仁妻
袁氏陳鷺飛妻
徐氏程元利妻
陳氏庠生俞成孝妻
姚氏嚴孔懷妻
夏氏庠生陳芬妻
陳氏儒士錢長恩妻

唐氏俞復初妻　周氏林日煦妻
陳氏鄭思韶妻　張氏沈汝安妻
朱氏章從周妻　李氏陸錫瑞妻
車氏何上慶妻　唐氏俞佳貴妻
錢氏鄭德運妻　任氏陳光鴻妻
周氏張開勳妻　陳氏王增福妻
王氏章安保妻　韓氏沈尙相妻
萬氏范沛炯妻　田氏李汝有妻
胡氏厲佐順妻　丁氏韓駿發妻
鍾氏馮時中妻　嚴氏俞志清妻
倪氏任聖友妻　黃氏虞天佑妻
胡氏章增貴妻　葉氏嚴適均妻
周氏施允成妻　陳氏章鍾瑶妻
張氏朱堯龍妻　丁氏徐雙麟妻
沈氏丁鍾富妻　徐氏王松巖妻
張氏王成龍妻　朱氏陳春正妻
章氏胡發先妻　任氏王慶榮繼妻
胡氏任朝元妻　陳氏梁治國妻

錢氏曹夢熊妻
陸氏田文龍妻
朱氏陳日蛟繼妻
鄭氏方均妻
朱氏丁光耀妻
張氏四品封職朱懋常妻
陳氏諸葛枚臣妻
潘氏楊克標妻
丁氏陳大琮妻
王氏羅德保妻
沈氏俞周虞妻
傅氏丁邦道妻
張氏劉晉達妻
董氏吳繼奎妻
管氏張維孝妻
王氏陳承天妻
李氏徐景藹妻
吳氏董世渭妻
王氏陳雙喜妻
謝氏何立表妻
胡氏許勝表妻
陳氏賈望溪繼妻
姚氏丁聖傳妻
應氏陳國泰妻
王氏陳文明妻
陳氏丁增華妻
倪氏鍾嘉惠妻
田氏王茂秀妻
石氏嚴惠蘭妻已上嘉慶間人
許氏雙節史氏許志能妻媳鍾氏金水妻○史孝事翁刲股療疾
任氏雙節方氏任遇慶繼妻媳俞氏萬豐妻

王氏雙節金氏王春芳妻媳金氏允生妻

朱氏雙節趙氏朱林茂妻媳陳氏金魚妻

龔氏雙節戴氏龔元英妻媳柴氏如梅妻已上姑嘉慶間人媳道光間人

諸葛氏車浩然妻

徐氏趙德新妻

陳氏王宗顯妻

張氏嚴慶來妻

陳氏夏國寶妻

馮氏陳兆元妻

阮氏儒士王滄陽妻

董氏周寶妻

羅氏管天祿妻

裴氏曹錦繡妻

葉氏劉國臣妻

楊氏姚咸和妻

馬氏萬士蓮妻

鄭氏葉佳美妻

任氏丁德友妻

鍾氏丁運高妻

鄭氏王佩瑛妻

王氏任尚春妻

陶氏俞秉剛妻

倪氏陳尚志妻

張氏朱萬美妻

陳氏任起標繼妻

潘氏陳雲潮妻

黃氏陳望山妻

丁氏王紹鎔繼妻

徐氏嚴瓛秀妻

傅氏馮維松妻

葛氏楊文斐妻

嚴氏儒士趙如珏繼妻

丁氏章宗泰妻

馮氏朱經明妻　茅氏賈鳴和妻
陳氏谷萬春妻　薛氏景漢章妻
張氏陳聚法妻　任氏唐福縻妻
夏氏候選布政司理問王邦獻妻　周氏劉吉生繼妻
胡氏田陽生妻　陳氏謝君錫妻
陳氏張麟書妻　陳氏李錦妻
陳氏蔣來發妻　金氏梁才妻
葉氏嚴和元妻　施氏趙學攸妻
趙氏章志文妻　阮氏李朝髦妻
任氏王嘉元妻　羅氏張寶成妻
章氏朱慶章妻　楊氏郡庠生謝綵妻
徐氏陳思澄妻　趙氏王其書妻
謝氏車爭先妻　何氏潘秀山妻
夏氏雙節經氏夏東高妻媳陳氏監生長裕繼妻
俞氏陳鶴汀妻　唐氏傅延卿妻
趙氏章志文妻　成氏竺景玷妻
丁氏雙節陳氏丁懋基妻陳氏懋昭妻
倪氏俞秉康妻　楊氏陳慶國妻

孫氏張兆宇妻　余氏楊周瑜妻
陸氏王平成妻　陳氏賈繼璜妻
陳氏曹永鰲妻　葛氏金廷儀妻
錢氏儒士王壽泰妻　龔氏任金章妻
陳氏沈增水妻　周氏馮日良妻
葛氏徐向赤妻　錢氏車凝安妻
周氏錢英燦妻　馮氏葛維初妻
趙氏陳葆良妻　喻氏俞增元妻
包氏劉仲權妻　趙氏俞日增妻
陶氏屠喬木妻　王氏蔣作恆妻
陳氏譚維信妻　胡氏駱文炳妻
趙氏章宇濤妻　陳氏章廷美妻
陳氏季瑞鳳妻　王氏許勝耀妻
丁氏陳德綿妻　陳氏傅秀仕妻
陳氏杜秉文妻　胡氏范作仁妻
葉氏葛長佑妻　趙氏周高良妻
竺氏王甸岐妻　葉氏何文貴妻
林氏周儒琳妻　徐氏鄭夢麟妻

董氏梁惠忠妻　何氏王志燦妻
李氏杜鴻昌妻　潘氏周九皋妻
陳氏雙節嚴氏監生陳宏基妻魏氏宏仁妻
謝氏儒士葉志清妻　張氏謝錫琪妻
鍾氏儒士錢寅元妻　沈氏糜立功妻
連氏馮樹銘妻　徐氏丁克邦妻
林氏庠貢生錢福恆妻　顧氏裴德本妻
周氏夏立綱妻　徐氏葛立名妻
陳氏李揚祖妻　朱氏李永萬妻
楊氏龔小昌妻　陳氏羅奎曜妻
陶氏夏懋建妻　陸氏陳遠貴妻
鄭氏葉蔚能繼妻　石氏趙成龍妻
連氏嚴秀貴妻　金氏俞嬰繼妻
杜氏儒士余光耀妻　陳氏鄭文坤繼妻
趙氏江光奎妻　李氏黃孝風妻
王氏徐元吉妻　杭氏陳榜豪妻
賈氏龔仁妻　胡氏尹烱堂妻
陳氏周庭浩妻　李氏葛允忠妻

沈氏姚德化繼妻　章氏陶繼先妻
茹氏陳德章妻　陳氏夏景華妻
徐氏謝謙秀妻　夏氏丁元亨妻
田氏徐增榮妻　徐氏李方美妻
陸氏余海龍妻　謝氏徐殿貴妻
袁氏雙節周氏袁孝緒妻羅氏孝紘妻
謝氏朱大奎妻　倪氏丁三寶妻
余氏朱祥壽妻　何氏儒士俞封妻
董氏雙節葉氏董義化妻宋氏義德妻
王氏陳榮秀妻　章氏連志楮妻
王氏朱再生妻　趙氏陳德大妻
王氏潘輝濂妻　何氏職員杜秉均繼妻
王氏項萬瑞妻　李氏庠生錢懋燮繼妻
經氏宣炎輝妻　屠氏監生呂惠全妻
馬氏趙永和妻　丁氏王錫江妻
屠氏章志通妻　宋氏李淼妻
張氏劉炬妻　朱氏鍾保傳妻
韓氏李光美妻　黃氏戚文藻妻

曹氏賈鳳翔妻　胡氏王定孝妻
湯氏王大剛妻　連氏陳玉妻
陳氏鍾國因妻　景氏鄭福元妻
汪氏章景和妻　任氏儒士陳鑑繼妻
徐氏陳文達妻　陳氏儒士沈安初妻
陳氏王善慶妻　李氏陳光耀妻
郭氏徐來宗妻　趙氏尹福林妻
盧氏范志美妻　顏氏劉桂蘭妻
王氏陳蘭臺妻　章氏魏大貴妻
倪氏徐占鰲妻　王氏夏嘉達妻
朱氏雙節陳氏朱進奎妻趙氏茂奎妻
孫氏張金瑞妻　祝氏王國鈞妻
褚氏徐望雲妻　王氏謝運妻
范氏王舜耕妻　李氏羅國茂妻
王氏方萬安妻　陳氏俞元金妻
羅氏職員陳省齋妻　祝氏酈朝元妻
茹氏陳應祥繼妻　黃氏張錫家妻○家一作嘉
徐氏唐雙福妻　朱氏候選巡檢王以愷繼妻

夏氏陳濤漣妻
張氏沈錫贊妻
金氏王紹塏妻
姚氏嚴德聖妻
陸氏黃永表妻
潘氏周杏南妻
何氏陸挺生妻
謝氏庠生　欽邮鹽知事銜葉春熙妻
傅氏金廣仁繼妻
鄭氏王斌妻
陳氏糜立仁妻
夏氏倪登高妻
王氏候選布政使經歷劉保申妻
徐氏庠生錢維馨妻
顧氏監生潘大昌妻
徐氏黃世昌妻
陳氏儒士項廷枚妻
章氏陳嘉謨繼妻

曹氏羅爾康妻
王氏謝九章妻
胡氏陳增祥妻
周氏何大增妻
謝氏陳宗岳妻
董氏梁文孝妻
譚氏章名揚妻
王氏黃秉文妻
屠氏徐兆奎妻
柴氏周國昌妻
金氏莊登先妻
馮氏劉乙然妻
陳氏馮國瑞妻
葉氏林朝品妻
謝氏劉趾麟妻
任氏陳增高妻

陳氏呂如錦妻
鄭氏李宗沆妻
陳氏孫朝福妻
葛氏許宗遠妻
陳氏王紹曾妻
呂氏趙某妻德龍母
姚氏夏文浩妻
陳氏萬繼恂妻
嚴氏陳永法妻
朱氏錢三葆妻
朱氏陳仁和妻年三十而寡事姑孝姑疾刲股療之
沈氏陳光林妻
陳氏章炳章妻
李氏徐維斗妻
嚴氏田商琳繼妻
徐氏儒士王芝齡妻
王氏石斯梅妻
王氏胡鳳山妻
許氏徐嘉裕妻
嚴氏陳寶妻年三十而寡遺一女姑歿叔幼氏敬事舅撫叔成立貞守二十八年
馮氏庠生陳伯均繼妻
王氏張彩林妻
鄭氏傅德潤妻
羅氏儒士王芹香妻
王氏丁元寶妻
汪氏項廷燕妻
王氏馮源堂妻
黃氏阮高華妻
王氏庠生陳貴德繼妻
林氏陳錫寶妻
張氏王五美妻
方氏魏體仁妻

葉氏王高進妻　黃氏職員金承福妻
虞氏湖南通道縣典史鄭莘妻
屠氏蔣文禹妻　李氏夏壽培妻
徐氏監生章國泰妻　宋氏監生俞壤妻
葉氏任兆根妻　經氏徐元亮繼妻
顧氏莫安福妻　張氏馬思新妻
馮氏張燮堂妻　羅氏陳聯生妻
朱氏職員許乃昌妻　王氏趙毓秀妻
陳氏徐立榮妻　徐氏儒士余佁惠妻
王氏陸靖瀾妻　王氏謝仁保妻
陳氏顧仲南妻　徐氏丁尚德妻
蔡氏丁紹業妻　周氏丁月良妻
錢氏儒士趙增高妻　余氏婁任良妻
徐氏王德型妻　王氏徐名立妻
貝氏張之屏妻　鄭氏職員王贊謨妻
朱氏傅邦燧妻　陳氏萬肇煊妻
項氏周應澍妻　陸氏羅慶秀妻
金氏雙節袁氏金茂元妻顧氏茂義妻

梁氏王澍妻
梁氏王錚妾
鄭氏儒士俞壇妻
萬氏庠生錢福同妻
林氏王世鉞妻
章氏趙杜妻○一作庚杜
馮氏呂孟春妻
郭氏周成章妻
張氏儒士葉德政妻
沈氏謝永齡妾
李氏賈瑞林妻
徐氏陳靜嵐妻
李氏陳新法妻
嚴氏雙節顧氏嚴正治妻夏氏正學繼妻
沈氏戚增福妻
羅氏田栽林妻
趙氏王作佩妻
楊氏安徽候補典史胡誦庚妻

陳氏羅純妻
潘氏俞寶書妻
鄭氏萬繼惠妻
鄭氏謝茂德妻
王氏謝彥生妻
馮氏儒生趙溉妻
沈氏職員杜秉才妻
阮氏陶三才妻
朱氏施有義妻
徐氏楊曾傳妻
趙氏糜天錫妻
趙氏李海清妻
胡氏馮志剛妻
丁氏王羽聲妻
劉氏趙聖善妻
王氏祝增元妻

唐氏祝文贊妻 陳氏田金生妻
丁氏董世傳妻 張氏陳仁安妻
魏氏監生田照瀚妻 邵氏何墉妻
王氏雙節呂氏王瑞興妻俞氏瑞源妻
王氏羅寶善繼妻 馬氏曹文階妻
張氏萬文海妻 陳氏朱克甯妻
賈氏李長林妻 陳氏李永法妻
沈氏嚴長泰妻 陸氏徐瑞蘭妻
陳氏錢尚義妻 袁氏陳肇燦妻
車氏徐鎮吉妻 王氏許傳龍妻○龍一作霳
王氏徐六十妻 王氏陳裕水妻
袁氏羅敬福妻 沈氏陳志德妻
王氏錢蕭和妻 蔣氏呂乾光妻
朱氏呂岳祥妻 厲氏王韶成妻
王氏屠德成妻 車氏姚均若妻
阮氏王孝本妻 李氏柯奇彬妻
魯氏姚啟豐妻 梁氏黃仕惠妻
陳氏金瑞隆妻 章氏馮錫福妻

李氏俞福明妻
吳氏梁思一妻
梁氏監生陳文俊妻
朱氏何型妻
陳氏曹鶴林妻
孫氏監生林夢庚繼妻
金氏陳殿華妻
何氏儒士嚴嗣賢妻
陳氏王楨兆妻
陳氏陸東運妻
嚴氏何豫昌妻
徐氏丁鳳韶妻
屈氏張文濤繼妻
趙氏陳周南妻
鄭氏章雲浚妻
錢氏職員陳錫範繼妻
王氏章士秀妻
王氏丁其濬妻

夏氏葉景運妻
陸氏余良位妻
趙氏何百齡妻
張氏呂綵標妻
趙氏儒士王孝全繼妻
丁氏張才俊繼妻
朱氏儒士陳傚妻
王氏徐福成妻
蒲氏何瑞裕妻
張氏馮振名妻
羅氏馮瑞彪妻
陳氏龔孔豪妻
張氏儒士錢錫照妻
曹氏庠生錢儁妻
陳氏葉祥麟妻
倪氏羅六十妻
竺氏王三桂妻
李氏潘開明妻

蔣氏顧進才妻　田氏杭嘉林妻
陳氏俞元秀妻　朱氏連漢雲妻
徐氏劉紹華繼妻　夏氏賈開周妻
王氏任文彩妻　李氏方萬順妻
陳氏王銓美妻　金氏周老富妻
張氏宣日升妻　連氏章國金妻
史氏糜立芳繼妻　倪氏黄安霖妻
陶氏陳尙升妻　陳氏諸葛汝妻
梁氏黄永仁妻　葛氏張日曜妻
陳氏丁日章妻　趙氏沈肇修妻
黄氏陳元良妻　王氏鍾陽春妻
張氏錢志節妻　余氏葉天縱妻
王氏姚侁若繼妻　任氏王清奎妻
張氏儒士王通達妻年二十二寡苦節自勵失愛於繼姑
忍勞忍辱終不易志現年五十三
羅氏田雲龍妻　丁氏經大全妻
丁氏徐德風妻　周氏徐晴川妻
沈氏陳文寅妻　陳氏金仁妻

羅氏吳善鈞妻　王氏候選縣丞曹思綱妻
陳氏羅炳華妻　陳氏儒士葉茂清妻
張氏袁煜妻　丁氏沈錫璜妻
葉氏儒士謝繼榮妻　嚴氏徐貞煥妻
梁氏黃安仁妻　周氏監生王棻妾
陳氏王其二妻　施氏姚坤妻
曹氏黃述照妻　陳氏儒士胡承運妻
錢氏丁泰亨妻　陳氏王炳照妻
萬氏葉美才妻　劉氏經新妻
丁氏夏和福妻　趙氏宋周賚妻
朱氏錢寶燦妻　周氏通判王錫範妻
陳氏監生袁家堃妻　朱氏夏天典妻
金氏徐國昌妻　蔣氏儒士金仲和妻
陳氏項賚仁妻　王氏馮錫洪妻
厲氏馮昞彪妻　盧氏金士成妻
林氏馮十九妻　趙氏余坤元妻
朱氏陳文淵妻　趙氏倪福年妻
王氏李如林妻　王氏陳澤妻

陳氏徐日曜妻
王氏章周福妻
葉氏監生吕一貫妻
王氏儒士胡秉鑫妻
章氏徐則文妻
鄭氏何蘭生妻
李氏姚笑山妻
葉氏馮振興妻
范氏丁文恩妻
王氏范兆啟妻
谷氏王奎標妻
胡氏田永順妻
徐氏監生周廷璋妻
李氏胡鼎美妻
童氏金積奎妻
王氏庠生楊鉦妻

顧氏章栢齡妻
錢氏黃仁風妻
石氏徐友功妻
賈氏劉作述妻
姚氏曹采仙妻
張氏戚才海妻
俞氏監生朱廿雨繼妻
王氏陳美錦妻
潘氏尹瑞秀妻
邱氏張開連妻
陳氏謝志聖妻
王氏裴然妻
夏氏王舜傳妻
葛氏屠載康妻
陳氏汪儒林妻
陸氏葉春榮妻

沈氏孫三妻夫被賊害氏年二十一無子忍饑苦守與姑相倚有姪國法幼失怙恃撫爲後

董氏王彬妻
章氏俞金鼎妻
王氏徐大勳妻
俞氏監生曹思紘妻
郎氏董春榮妻
陳氏王恆一妻
錢氏陳勝雲妻
張氏王岳嵩妻
王氏杜文洲妻
陳氏張學道妻
姚氏胡第元妻
陳氏監生黃聿來妻
王氏范奎致妻
車氏曹樹棠妻
黃氏徐天成妻
沈氏周尹伸妻
唐氏王其東妻
沈氏金有發妻
黃氏陳玉泉妻
朱氏胡守埸妻
徐氏許馨園妻
鄭氏王懷生妻
祝氏俞曙山妾
陳氏劉聖德妻
王氏馮振聚妻
胡氏職員俞錫祺妻
譚氏葛應峻妻
貝氏葉文浩妻
林氏趙傳妻
戚氏車寶定妻
章氏虞美中繼妻
何氏呂世美妻
徐氏雙節王氏徐信紀妻郭氏信璜妻
李氏徐鴻恩妻
蔣氏石璋聲妻

徐氏王位正妻　陳氏王肇英妻
裴氏章國治妻　葛氏王佩璐妻
王氏謝邦泰妻　謝氏王廷瑜妻
方氏庠生徐宗勉妻年二十四寡家貧鞠三日孤艱苦備
歷現年五十子紹謙光緒己丑恩科舉人
陳氏儒士顧言妻　梁氏車步洲妻
袁氏章長生妻　錢氏夏雨田妻
陸氏章福昌妻　賈氏袁鉞妻
陶氏周瑞衡妻　陶氏陸萬福妻
梁氏王楨裕妻　邵氏阮光浩妻
魏氏田嘉林妻　宋氏儒士陳汝瑜妻
趙氏陳克明妻　王氏鄭詔臣妻
車氏鍾承業妻　阮氏何文元妻
王氏陳成福妻　陳氏車春齡妻
竺氏王守基妻　王氏謝淦妻
龔氏監生徐鶴春妻　王氏谷如楨妻
錢氏萬繼序妻　陳氏丁建寅妻
方氏張友妻　楊氏儒士錢振鈐妻

梁氏王世成繼妻
馬氏王其祥妻
孟氏王福謙妻
黃氏儒士錢爾宣妻
俞氏董方春妻
陳氏王元錫妻
余氏金元成妻
陳氏張維良妻祀上道光閒人
陳氏萬祖薪妻
杜氏任朝運妻
陳氏車炳泰妻
孫氏李元妻
沈氏徐家璜妻
茅氏陳文淵妻
華氏陳錫南妻
葉氏陳亦增妻
胡氏庠生陳濟美妻
余氏陳全福妻

曹氏盧金誥妻
王氏俞雲槎妻
李氏賈一雷妻
吳氏厲瑞煦妻
糜氏同知銜何桂芬繼妻
鄭氏倪寶成妻
何氏石椿祺妻
李氏何通妻
沈氏任生岳妻
王氏陸清寶妻
周氏邵南生妻
夏氏朱濟洲妻祀上咸豐閒人
戴氏徐乾妻
胡氏徐象斗妻
方氏陳兆麟妻
厲氏陳學泗妻
楊氏陳學宗妻
王氏陳錫福妻

王氏陳錦耀妻　王氏舉人陳遇清繼妻
史氏陳春妻　顧氏陳青錢妻
鄭氏張雲青妻　許氏陳錦潮妻
王氏張克明妻　桑氏張鎮邦妻
田氏經思得妻　吳氏張璧卿妻
經氏雙節戚氏經士俊妻俞氏士浩妻
陸氏羅爾進妻　杜氏張守錢妻
胡氏羅福保妻　詹氏羅進良妻
徐氏俞載元妻　黃氏俞一澄妻
胡氏吳煥然妻　謝氏吳季良妻
馮氏吳家彪妻　鄭氏職員王紹雲妻
某氏吳國占妻　余氏姚文珩妻
郭氏儒士王道福妻　李氏姚大豐妻
方氏王文孝妻　俞氏鄭永昌妻
孫氏姚肇周妻　陳氏嚴元齡妻
陳氏姚采基妻　馮氏胡士培妻
章氏鄭爭先妻　郭氏胡增友妻
俞氏嚴株妻　周氏潘康十妻

姚氏潘玉賢妻　華氏鍾濟源妻
劉氏鍾賓妻　金氏樊士炎妻
倪氏樊益文妻　虞氏樊元化妻
楊氏桑鳳鳴妻　范氏梁楚珍妻
蕭氏儒士石師球妻　鄭氏謝安國妻
李氏章洽妻　陳氏杜永清妻
盧氏沈鶴雲妻　顧氏盧某妻三益母
徐氏曹麟錫妻　李氏盧某妻祀附䲔
丐戸葉氏許鳳蘭妻
右據採訪冊俱未旌

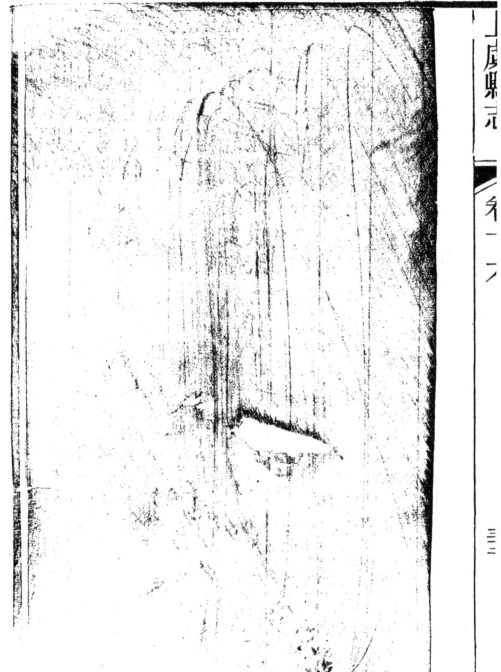

上虞縣志卷十六

列女姓氏補遺

烈婦

劉氏朱康哉妻同治壬戌遇賊赴水死

右據採訪冊未旌

節婦

范氏監生竺均繼妻　滋氏儒士王福堃妻

右據採訪冊已旌

錢氏王世俊繼妻　劉氏項思聰妻

王氏林安祖妾　華氏林志信母

右據採訪冊未旌

上虞縣志卷十六下　列傳十二

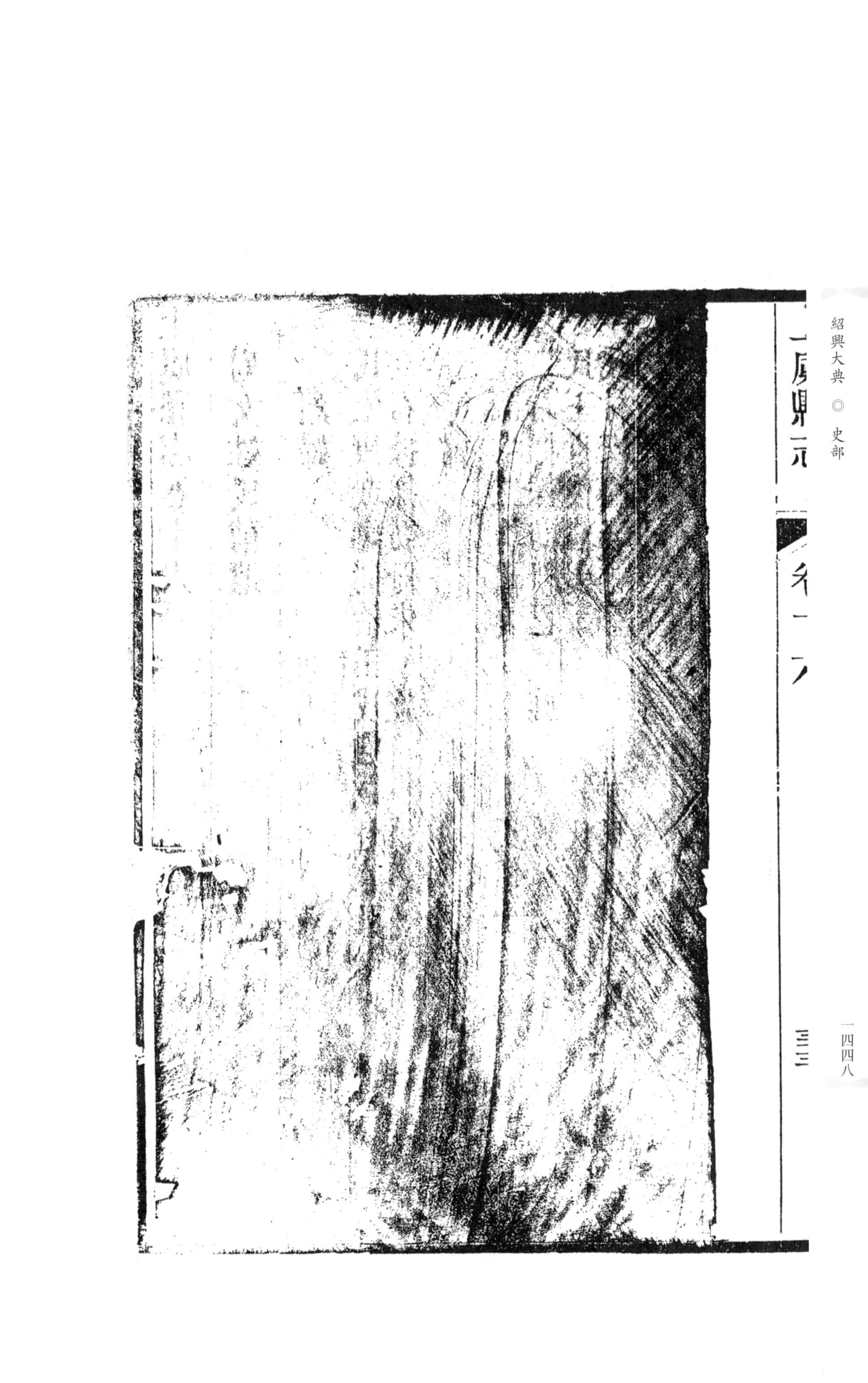

上虞縣志　卷一八　三二

上虞縣志卷十七

列傳

寓賢

袁忠漢　虞潭　謝奕　謝安

謝玄　謝琰　阮裕　王修齡已上晉

謝方明子惠連　謝靈運子鳳孫超宗超宗子幾卿　王弘之

王思遠　孔淯之　顧歡　杜京產子棲已上六朝

張興　趙子潚　夏榮　王義朝

宋延祖　潘時　朱熹已上宋　朱右

王霖　弟廉　王孚　韓廣業　何治仁已上明

何嘉祐

漢

袁忠字正甫汝南汝陽人安玄孫與同郡范滂爲友俱證黨事得釋初平中爲沛相乘葦車到官以清亮稱及天下大亂忠棄官客會稽上虞一見太守王朗徒從整飾心嫌之遂稱病自絕後孫策破會稽忠等浮海南投交阯獻帝都許徵爲衛尉未到卒後漢書袁安傳

晉

虞潭字思奧餘姚人清貞有檢操遷宗正卿以疾告歸會王含沈充等攻逼京都潭遂於本縣招合宗人及郡中大姓共起義軍進赴國難至上虞明帝手詔潭爲冠軍將軍領會稽內史潭即受命義衆雲集時有野鷹飛集屋梁衆咸懼潭曰起大義而剛鷙之鳥來集破賊必矣會充已擒徵拜尚書晉書○案虞潭督軍至虞本非寓公舊志列此今姑仍之

謝奕字無奕少有名譽初爲剡令有老人犯法奕以醇酒飲之醉猶未已安時年七八歲在奕膝邊諫止之奕爲改容遣之與桓溫善溫辟爲安西司馬猶推布衣好在溫坐

岸幘笑詠無異常日桓溫曰我方外司馬從兄尙有德政爲西藩所思朝議以奕能嗣尙事遷都督軍事安西將軍豫州刺史未幾卒官三子泉靖玄晉書○案謝氏本陳郡陽夏人自奕爲剡令太傅兄弟相隨之官樂始寧山水之勝僑居東山謝氏寓虞實由奕始故首書奕

謝安字安石父裒太常卿安年四歲時桓彝見而歎曰此兒風神秀徹後當不減王東海弱冠詣王濛清言良久旣去濛子修曰向客何如大人濛曰此客亹亹爲來逼人王導亦深契之由是少有重名初辟司徒府除佐著作郎並以疾辭寓居會稽與王羲之及高陽許詢桑門支遁遊處

出則漁弋山水入則言詠屬文無處世意每遊賞必以妓女從安始有東山之志後嚴命屢臻勢不獲已始就桓温司馬上數句畧取世說新語時年已四十餘尋除吳興太守徵拜侍中遷吏部尚書中護軍簡文帝疾篤温上疏薦安宜受顧命及帝崩温入赴山陵止新亭大陳兵衛將移晉室呼安及王坦之欲於坐害之坦之甚懼問計於安安神色不變曰晉祚存亡在此一行旣見温坦之流汗沾衣倒執手版安從容就席坐定謂温曰安聞諸侯有道守在四鄰明公何須壁後置人邪温笑曰正自不能不爾耳遂笑語移日

時孝武帝富於春秋政不自己温威振内外人情噂𠴲互生同異安與坦之盡忠匡翼終能輯穆尋爲尚書僕射領吏部加後將軍總關中書事安鎮以和靖御以長算德政旣行文武用命威懷外著人皆比之王導謂文雅過之又領揚州牧詔以甲仗百人入殿時帝始親萬機進安中書監驃騎將軍固讓軍號頃之加司徒又讓不拜復加侍中都督諸軍事假節時苻堅强盛疆埸多虞安遣弟石及兄子玄等應機征討所在剋捷拜衛將軍開府儀同三司封建昌縣公堅後率衆號百萬次於淮肥京師震恐加安征

討大都督玄入問計安夷然無懼色指授將帥各得其任
玄等旣破堅以總統功進拜太保安方欲混一文軌上疏
求自北征乃進都督十五州軍事加黄鉞安雖受朝寄然
東山之志始末不渝每形於言色欲須經略粗定自江道
還東雅志未就遂遇疾篤乃上疏遜位尋薨贈太傅謚文
靖更封廬陵郡公二子瑶琰晉書祀鄉賢萬歷志
謝玄字幼度少穎悟與從兄朗俱爲叔父安所器重及長
有經國才略時苻堅彊盛邊境數被侵寇朝廷求文武良
將可禦北方者以玄應舉於是徵拜建武將軍監江北諸

軍事擊破苻堅將彭超句難等以功封東興縣侯及苻堅
自率兵次於項城衆號百萬詔以玄爲前鋒都督諸軍事
與叔父石從弟琰西中郎將桓伊等距之衆凡八萬堅進
屯壽陽列陣臨肥水玄軍不得渡使謂苻融曰君遠涉吾
境而臨水爲陣是不欲速戰諸軍稍却令將士得周旋僕
與諸軍緩轡而觀之不亦樂乎堅衆皆曰宜阻肥水莫令
得上我衆彼寡勢必萬全堅曰但却軍令得過而我以鐵
騎數十萬向水逼而殺之融亦以爲然遂麾使却陣衆因
亂不能止於是玄與琰伊等以精銳八千涉渡肥水決戰

肥水南堅中流矢臨陣斬融堅衆奔潰自相蹈藉投水死者不可勝計肥水爲之不流詔遣殿中將軍慰勞進號前將軍假節固讓不受旣而安奏苻堅喪敗宜乘其釁會以玄爲前鋒都督三魏皆降進封康樂縣公朝議以征役旣久使玄還鎭淮陰旣還遇疾上疏解職詔使移鎭東陽城玄卽路於道疾篤上疏曰臣以常人忽蒙殊遇復命荷戈前驅董司戎首冀憑皇威以塵露報恩然後從亡叔臣安退身東山以道養壽豈謂經略不振自貽斯戾是以奉送章節待罪有司聖恩赦過黷法垂宥木石猶感而況臣乎

顧先疾既動便至委篤謹遣兼長史劉濟重奉送節蓋章傳伏願聽臣所乞得及視息瞻覲墳柏詔遣高醫令自消息病久不差又上疏表寢不報久之乃轉授散騎常侍左將軍會稽內史時吳興太守張玄之亦以才學顯與玄同年之郡名亞於玄時人稱爲南北二玄卒於官追贈車騎將軍開府儀同三司謚曰獻武子瑍嗣秘書郎早卒子靈運嗣晉書○嘉泰會稽志玄既輿疾之郡卒葬於始甯

謝琰字瑗度弱冠以貞幹稱美風姿苻堅之役安以琰有軍國才用出爲輔國將軍以精卒八千與從兄玄俱陷陣

破堅以勳封望蔡公王恭舉兵琰假節都督前鋒軍事恭平遷衛將軍徐州刺史假節孫恩作亂加督吳興義興二郡軍事討恩至義興斬賊許允之迎太守魏鄢還郡進討吳興賊丘尫破之又詔琰與輔國將軍劉牢之俱討孫恩恩逃於海島朝廷憂之以琰爲會稽內史都督五郡軍事恩後復寇浹口入餘姚破上虞進及邢浦去山陰北三十五里琰遣參軍劉宣之距破恩既而上黨太守張虔碩戰敗羣賊銳進人情震駭咸以宜持重嚴備且列水軍於南湖分兵設伏以待之琰不聽跨馬而出廣武將軍桓寶爲

前鋒摧鋒陷陣殺賊甚多而塘路迮狹琰軍魚貫而前賊於艦中旁射之前後斷絕琰至千秋亭敗績琰帳下都督張猛於後斫琰馬琰墮地與二子肇峻俱被害寶亦死之後劉裕左里之捷生擒猛送琰小子混混刳肝食之詔以琰父子隕於君親忠孝萃於一門贈琰侍中司空謚曰忠肅 晉書

阮裕字思曠陳留尉氏人以德業知名咸和初除尚書郎去職還家居會稽剡縣拜臨海太守少時去職復除東陽太守尋徵侍中不就還剡有肥遯之志有以問王羲之羲

之曰此公近不驚寵辱雖古之沈冥何以過此世說新語阮光祿在東山蕭然無事常內足於懷有人以問王右軍右軍曰此君近不驚寵辱雖古之沈冥何以過此成帝崩
裕赴山陵事畢便還諸人相與追之裕亦審時流必當逐
己而疾去至方山不相及劉惔歎曰我入東正當泊安石
渚下耳不敢復近思曠傍裕嘗以人不須廣學正應以禮
讓爲先故終日靜默無所脩綜而物自宗焉在東山久之
經年敦逼並無所就年六十一而卒晉書
王修齡常在東山甚貧乏陶胡奴爲烏程令送一船米遺
之卻不肯取直答語王修齡若饑自當就謝仁祖索食不

須陶胡奴米世說新語

南北朝

謝方明祖鐵永嘉太守父冲中書郎家在會稽病歸爲孫恩所殺方明隨伯父吳興太守邈在郡孫恩寇會稽東土邈被害方明逃免初邈舅子長樂馮嗣之及北方學士仇玄達與恩通謀方明結邈門生討嗣之等悉禽手刃之項之孫恩重陷會稽謝琰見害因購方明甚急方明於上虞載母妹奔東陽由黄蘗嶠出鄱陽附載還都寄居國子學流離險戹屯苦備經而貞履之操在約無改丹陽尹卞範

之勢傾朝野欲以女嫁方明方明終不回除著作佐郎後從兄景仁舉爲宋武中軍主簿方明知無不爲頃之轉從事中郎武帝令府中衆事皆諮決之轉中軍長史尋加晉陵太守復爲驃騎長史南郡相嘗年終江陵縣獄囚事無輕重悉放歸家因及父兄並驚喜涕泣以爲就死無恨至期竟無逃者宋武帝受命位侍中丹陽尹有能名轉會稽太守東土稱詠之卒官子惠連年十歲能屬文族兄靈運加賞之云每有篇章對惠連輒得佳語嘗於永嘉西堂思詩竟日不就忽夢見惠連即得池塘生春草大以爲工常

云此語有神功非吾語也本州辟主簿不就惠連先愛幸會稽郡吏杜德靈及居父憂贈以五言詩十餘首坐廢不豫榮位尚書僕射殷景仁愛其才言次白文帝言臣小兒時便見此文而論者云是惠連其實非也文帝曰若此便應通之元嘉七年方爲司徒彭城王義康法曹行參軍義康修東府城城塹中得古冢爲之改葬使惠連爲祭文留信待成其文甚美又爲雪賦以高麗見奇靈運見其新文每曰張華重生不能易也文章並行於世年三十七卒南史

謝靈運安西將軍奕之曾孫方明從子也靈運少好學博

覽羣書文章之美與顔延之爲江左第一從叔琨特加愛之襲封康樂公性豪侈車服鮮麗衣物多改舊形制世共宗之咸稱謝康樂也累遷秘書丞坐事免後爲相國從事中郎世子左衛率坐輒殺門生免官宋受命降公爵爲侯又爲太子左衛率靈運多愆禮度朝廷唯以文義處之不以應實相許常懷憤惋廬陵王義真少好文籍與靈運情款異常少帝即位權在大臣靈運構扇異同非毁執政司徒徐羨之等患之出爲永嘉太守郡有名山水靈運素所愛好遂肆意遊遨徧歷諸縣動踰旬朔所至輒爲詩詠以

致其意在郡一周稱疾去職從弟晦曜弘微等並與書止之不從靈運父祖並葬始寧縣並有故宅及墅遂移籍會稽修營舊業傍山帶江盡幽居之美與隱士王弘之孔淳之等放蕩爲娛有終焉之志每一詩至都下貴賤莫不競寫夙昔間士庶皆徧名動都下作山居賦並自注以言其事文帝誅徐羨之等徵爲秘書監尋遷侍中賞遇甚厚靈運詩書皆兼獨絕每文竟手自寫之文帝稱爲二寶既自以名輩應參時政至是唯以文義見接意既不平多稱疾不朝直穿池植援種竹樹果驅課公役無復期度出郭游

行或一百六七十里經旬不歸既無表聞又不請急上不欲傷大臣諷旨令自解靈運表陳疾賜假東歸靈運既東與族弟惠連東海何長瑜穎川荀雍太山羊璿之以文章賞會共爲山澤之游時人謂之四友惠連幼有奇才不爲父方明所知靈運去永嘉還始甯時方明爲會稽靈運造方明遇惠連大相知賞何長瑜教惠連讀書亦在郡內靈運又以爲絶倫謂方明曰阿連才悟如此而尊作常兒遇之長瑜當今仲宣而飴以下客之食尊既不能禮賢宜以長瑜還靈運載之而去靈運因祖父之資生業甚厚奴僮

旣衆義故門生數百鑿山浚湖功役無已尋山陟嶺必造幽峻巖嶂數十重備盡登躡嘗著木屐上山則去其前齒下山去其後齒嘗自始寧南山伐木開徑直至臨海從者數百臨海太守王琇驚駭謂爲山賊未知靈運乃安在會稽亦多從衆驚動縣邑太守孟顗事佛精懇而爲靈運所輕嘗謂顗曰得道應須慧業文人生天當在靈運前成佛必在靈運後顗深恨此言會稽東郭有囘踵湖靈運求決以爲田顗堅執不與又求始寧休崲湖爲田顗又固執靈運與顗遂隙因靈運横恣表其異志靈運馳詣闕上表自

陳本末文帝知其見誣不罪以爲臨川内史在郡游放不異永嘉爲有司所糾司徒遣使收靈運靈運興兵叛逸追討禽之送廷尉廷尉論正斬刑上愛其才降死徙廣州後秦郡府將告靈運給錢令人買弓箭刀楯等物使要合鄉里健兒於三江口篡之有司奏收之文帝詔於廣州棄市時元嘉十年年四十九所著文章傳於世子鳳坐靈運徙嶺南早卒鳳子超宗隨父嶺南元嘉末得還與慧休道人來往好學有文辭盛得名譽新安王母殷淑儀卒超宗作誄奏之帝大嗟賞謂謝莊曰超宗殊有鳳毛靈運復出子

才卿幾卿幾卿清辯時號神童超宗徙越嵩詔家人不得相隨幾卿年八歲別父於新亭不勝其慟遂投於江超宗命估客數人入水救之良久涌出得就岸瀝耳目口鼻出水數斗十餘日乃裁能言居父憂哀毀過禮年十二召補國子生齊文慧太子自臨策試謂王儉曰幾卿本長玄理今可以經義訪之儉承旨發問幾卿辯釋無滯文慧大稱賞焉儉謂人曰謝超宗爲不死矣及長博學有文采仕齊爲太尉晉安王主簿至梁轉左光祿長史卒文集行於世

南史○案舊志謝氏諸賢散載各傳不諳事實都加甄錄有同攀附竊所未安攷晉書南史諸謝傳自太傅東山一

出羣從子姓留居都下烏衣白楊盛稱當時始寍故墅帬屐罕至今細加甄擇取其曾至吾虞者載入一二其餘諸賢概不濫采至若方明客兒雖云僑籍終非土斷以入寓賢庶免郡縣志牽混陋習焉

王弘之字方平琅邪臨沂人少孤貧爲外祖徵士何準所撫育從叔獻之及太原王恭並貴重之性好山水求爲烏傷令義熙中何無忌及宋武帝辟召一無所就家在會稽上虞從兄敬弘奏爲太子庶子不就文帝卽位陳弘之高行徵爲通直散騎常侍又不就敬弘常解貂裘與之卽著以采藥性好釣上虞江有一處名三石頭弘之常垂綸於此經過者不識之或問魚師得魚賣不弘之曰亦自不得

得亦不賣日夕載魚入上虞郭經親故門各以一兩頭置門内而去始寍沃川有佳山水弘之又依巖築室謝靈運顔延之並相欽重靈運與廬陵王義眞牋曰會境既豐山水是以江左嘉遁並多居之若王弘之拂衣歸耕孔淳之隱約窮岫眞可謂千載盛美也元嘉四年卒顔延之欲爲作誄書與其子曇生曰君家高世之善有識歸重豫染毫翰所應載述但恨短筆不足書美誄竟不就曇生好文義以謙和見稱南史

王思遠父羅雲平西長史八歲父卒祖弘之及外祖新安

太守羊敬元並棲退高尚故思遠少無仕心宋建平王景素辟南徐州主簿深見禮遇景素被誅左右離散思遠親視殯葬上表理之景素女廢爲庶人思遠分衣食資贍年長爲備笄總訪求素對傾家送遣齊建元初文惠太子與竟陵王子良素好士並蒙賞接思遠求出爲遠郡除建安內史後拜御史中丞臨海太守沈昭略贓私思遠依事劾奏明帝及思遠從兄晏昭略叔父文季並請止之不從案事如故建武中遷吏部郎思遠以晏爲尚書令不欲並居權要上表固讓乃改授司徒左長史思遠立身簡潔諸客

有詣己者覘知衣服垢穢方便不前形儀新楚乃與促膝去後猶令二人交帚拂其坐處卒年四十九贈太常謚曰貞子思遠與顧暠之善暠之卒後家貧思遠迎其妻子經恤甚至（南史○案舊志方平入隱逸傳思遠入義行傳攷宋書及南齊書二王傳均稱瑯邪臨沂人不得以流寓遽歸上斷今據正史改入寓賢嘉慶志德業傳補遺增王裕之王秀之則又誤讀南史王東山之文以餘杭舍亭山爲始寧東山今並刪之）

孔湻之字彥深魯人也少有高尚愛好墳籍爲太原王恭所稱居會稽剡縣性好山水每有所游必窮其幽峻或旬日忘歸除著作佐郎太尉參軍並不就與徵士戴顒王弘

之王敬弘等共爲人外之游會稽太守謝方明苦要之不能致使謂曰苟不入吾郡何爲入吾郭淯之笑曰潛游者不識其水巢棲者非辯其林飛沈所至何問其主終不肯往茅室蓬戶庭草蕪徑唯牀上有數帙書元嘉初復徵爲散騎侍郎乃逃於上虞縣界家人莫知所在南史○劉峻世說注引宋書曰孔淯之字彥深魯國人少以辭榮就約徵聘無所就元嘉初散騎郎徵不到隱上虞山○沈奎刊補引上虞孔氏譜淯之至聖二十九世孫寓居上虞遂名孔家嶴元至元初年五十三世孫淋字世霖慷慨好學念文學盛於東南遂來游至上虞縣三都永豐鄉見淯之公子孫居孔嶴遂依族同寓焉

顧歡字景怡鹽官人年六七歲父使田中驅雀歡作黃雀

賦而歸雀食稻過半父怒欲撻之見賦乃止鄉中有學舍歡貧無以受業於舍壁後倚聽無遺忘者夕則然松節讀書或然糠自照及長篤志不倦聞邵玄之能傳五經文句從之受業年二十餘更從雷次宗諮玄儒諸義遂隱不仕於剡天台山開館聚徒受業者常近百人南史○萬歷志後至虞東山與杜京産開舍授經其下有顧墅在焉

杜京産字景齊錢塘人少恬靜閉意榮宦會稽孔覬清剛有峻節一見而爲款交郡命主簿州辟從事稱疾去與同郡顧歡同契始寍東山開舍授學齊建元中武陵王曄爲

會稽高帝遺儒士劉瓛入東爲瓛講瓛故往與之游曰杜
生當今之臺尚也京産請瓛至山舍講書傾資供待子栖
躬自屣履爲瓛生徒下食儆爲奉朝請不至於會稽日門
山聚徒教授建武初徵員外散騎侍郎京産曰莊生持釣
豈爲白璧所回辭疾不就卒栖字孟山善清言能彈琴刺
史齊豫章王嶷聞其名辟議曹從事竟陵王子良數致禮
接國子祭酒何胤掌禮又重栖以爲學士掌昏冠儀以父
老歸養栖肥白長壯及京産病旬日間便皮骨自支京産
亡水漿不入口七日晨夜不罷哭不食鹽菜每營買祭奠

身自看視號泣不自持朔望節歲絕而復續嘔血數升時何胤謝朏並隱東山遺書敦譬誡以毀滅至祥禫暮夢見其父慟哭而絕初胤兄點見栖歎曰卿風韻如此雖獲嘉譽不永年矣卒時年三十六當時咸嗟惜焉南史○案浙江通志引冊府元龜蕭元簡爲會稽太守時何裔隱居東山元簡深加禮數月常命駕式閭談論竟日攷梁書何胤傳胤以會稽山多靈異欲往游焉居若邪山雲門寺世號點爲大山胤爲小山亦曰東山又云於是遣何子朗孔壽等六人於東山受學太守衡陽王元簡深加禮敬月中常命駕式閭談論終日據此則何裔當即何胤東山非始寗東山也又案世說新語第二劉眞長爲丹陽令許元度出都就劉宿牀帷新麗飲食豐甘許曰若保全此處殊勝東山十八戴安道欲厲操東山南史杜栖傳時謝朏何胤並隱東山據二書似劉許何謝均屬流寓然東山實當時隱居常語何謝

所云東山亦非即是始寧舊志寓賢載許詢刋補引唐許景先徵君宅詩上虞佳山水晚歲耽隱淪沿洄南谿夕流泯東山春爲元度寓虞佳徵覈之正史究無確據備稿據遂初賦序經始東山建五畝之宅添入孫綽亦屬牽强今並刪之

宋

張興字泰康先世東平人官大理寺丞性慈祥遇刑獄全活甚衆開寶初宰相趙普以私怨增減刑名官屬堂吏俱附會之大理寺卿雷德驤劾普被黜興歎曰刑官尚可爲哉遂掛冠浮海至虞隱蘭芎山麓嘉慶志○舊入隱逸今從刋誤改正

趙子瀟字清卿秦康惠王後孝靖公令奥子七歲而孤家

貧力學登宣和進士調眞州刑曹掾與守爭獄事解官去改衢州推官佐胡唐老繕完城具苗劉兵至不能攻以功累官吏部戶部郎中總領江淮軍馬錢糧諸司月饋千緡悉歸公帑除兩淮轉運副使朝廷遣人檢沙田蘆塲欲增租額子瀟力止之時議者言田之並太湖者被水患宜分道諸浦注之江詔子瀟往視還言宜加疏浚遂浚常熟東柵至雉浦入於涇谷又疏鑿福山塘至尙市橋北注大江分殺其勢水患用息知臨安府禁權家僦人子女爲僕妾者詔權戶部侍郎金主亮渝盟獻助軍錢十五萬緡金人

承議和子潚謂事情叵測宜以軍禮待之孝宗嗣位圖恢復子潚練兵爲鵞鸛魚麗等陳上觀於便殿嘉之移知明州沿海制置使初海寇賂通胥吏吏匿其蹤蹟子潚以禮延土豪俾率羣胥分道入海胥衆震恐爭指賊處悉擒獲海道遂平移知泉州福州進龍圖閣學士乾道二年卒宋史宗室傳○萬歷志子潚太祖六世孫登宣和六年進士知餘姚道由上虞遂家焉孝宗即位首引漢宣帝核名唐太宗行仁政爲說卒贈少師葬瑞象山胡澹菴銘墓著有奏議數百篇藏於家元至正間祀鄉賢子伯泲仕至朝議大夫孫師呂登進士仕至司封郎官○案宋史子潚傳不言寓虞萬歷志云家於上虞卒葬瑞象山宜入寓賢舊志列德業今改

夏榮字子顯世居汴梁以詩禮名家值時孔艱俛就武職高宗南渡扈駕東征高橋之戰身被五十餘鎗忠憤益奮大呼而進金兵大敗遁去封兩浙節度使守越後病退老上虞謚曰英萬歷志○案通志寓賢夏榮傳全引萬歷志而名宦傳引嘉靖通志夏榮字子顯大梁人累立戰功建炎間從張俊戰苗劉敗走之遷武經大夫金追帝明州榮從楊沂中迎戰高橋身中十八鎗甲爲赤勇氣益奮陞兩浙節度使封英國公兩傳中多牴牾附錄以竢攷正

王義朝字國賓處州麗水人登紹興二年進士第從萬歷志改主邵武軍光澤簿調紹興教授因家上虞嘗進易論十二卷高宗下其書國子監命典諸王宮大小學歷江東提舉

罷歸所著有禮制五卷易說十卷誌頌書啟古律詩雜文共十五卷（萬歷府志○案義朝嘉慶志入文苑今正凡非虞人家於虞者概入寓賢）

宋延祖字嗣宗濟南人建炎南渡因家上虞紹興中（萬歷志作十四年）登進士尉於潛教授廣德除國子監主簿嘗言招軍利害又欲重湖廣帥權孝宗甚嘉納之除起居郎（萬歷志作除太常寺丞再除起居郎）兼權給事中繳駁奏論無顧避未幾改諫議大夫兼侍讀遷兵部尚書延祖以公忠受知不三年而登八座自謂遭時遇主知無不言尋卒於官（萬歷府志）元至正間祀鄉賢（萬歷志○案宋延祖舊志入德業傳今從通志府志改入寓賢）

潘時字德鄉家世金華父良佐苦學篤行時早孤與兄訇養於叔父待制良貴家良貴與莊簡李公光爲道義交故莊簡以女歸時因家上虞之五夫自幼負異爲袁州分宜簿監兩浙轉運司造船場知興化軍浙西湖北提舉湖南提刑知廣州潭州除左司郎官改直顯謨閣知太平州淳熙己酉以疾終初李公爲秦檜排擠投棄嶺海親家陸升之告訐興獄子壻洸程攞蹤脫身時獨相其家事始終如一自爲小官嚴整有法度及爲監司帥臣平決寃獄安集軍民風采振揚大小畏服子二人友端登進士第爲太學

博士友恭爲江淮宣撫司幹官張淏續志元至正間祀鄉賢萬歷志。金華府志歷知廣州潭州再遷尚書左司郎中其治郡先教化務施舍至典方面養威持重務存大體當時號精吏道者無能出其右及卒朱子爲志其墓。案潘時舊入儒林傳今以非虞産改入寓賢

朱熹字元晦又字晦菴婺源人治平中嘗游始寧李參政光潘學士時㭊月林書院館之遺子姪受學焉過五夫馬融故里賦詩以遺後人訪孫學士邦仁遂相與契治居西溪湖濱著大學中庸章句或問彌年後卽其所居名泳澤書院萬歷志。沈奎刊誤案治平英宗年號越神哲徽欽四宗至高宗紹興戊辰朱子成進士之歲已八十餘年雖其誤始於林希元西溪湖議而後事者疏舛之咎亦不能辭又案李果齋文公年譜淳熙辛丑提舉浙東視事

西興壬寅親出按歷諸郡窮山長谷靡不到朱子寓虞或在是時然李莊簡卒於紹興二十八年戊寅至淳熙壬寅已遠隔二十五年何以朱子尙爲莊簡所館年譜所載自提舉浙東以前朱子未嘗至浙且朱子生於建炎庚戌而莊簡傳載建炎己丑除知宣州以後至紹興己未罷知紹興以前未嘗一日回籍至辛酉安置藤州復安置瓊州遂至卒於江州亦未有與朱子相見之日即謂朱子至浙或在莊簡罷知紹興之時然己未庚申朱子年甫十有一二何能遠遊此其事之必無者也今案莊簡館朱子誠如刊誤所云必無其事攷宋史莊簡幼子孟傳傳與其壻將論朱熹孟傳奮然曰如此則士大夫爭之鼎鑊且不避據此孟傳與朱子似屬有舊迎館月林書院或是孟傳又檢朱子文集有祭潘左司文金華志潘時傳云朱子爲志其墓德鄽館朱子當非僞撰惟朱子大學中庸章句序均在淳熙己酉在提舉浙東後六年云於西溪湖濱著是書彌年恐多附會今姑錄萬歷志舊文而糾其繆於後

明

朱右字國賢明史作伯賢臨海人儒林錄作字序賢寧海人元至正末司教蕭山慈谿因家虞之五夫市博學好古後進多從之游洪武間宋濂薦入翰林與王廉同修元史順帝紀書成多授官惟趙壎及右不授辭歸已徵修日歷寶訓授翰林編修遷晉府長史著有性理本原書傳發揮春秋傳類編三史鉤元秦漢文衡深衣考邾子世家元史補遺歷代統紀要覽白雲稿行於世卒葬蘭風鄉萬歷志參用元史目錄宋濂記明史文苑趙壎傳

王霖字叔雨括蒼人學博詞古清修可尚爲士林儀表官登仕郎浙江行樞密院都事元季擾攘與弟廉過上虞樂

蓋湖之勝，遂家焉。廉字熙陽，研窮經史，善琴，制風木吟。洪武初，用學士危素薦，爲翰林編修，終陜西布政使。所著有史纂、四書詳解、三禮纂要、書海通辨、左氏鈎元、交山集、迂論、南征錄。萬歷志　葬杭州西山，無子。萬歷府志

王孚，字宗孚，山陰人。孝友湻朴，動遵禮度，爲後進表率。以先世有田廬在菱湖，元季不靖，同昆季渡娥江寓焉。杜門畏影，晚年益敦友愛，與弟宗尹吟哦自怡，相繼而終。萬歷志

韓廣業，字子有，一字桃平。其先盧龍人，隨父鵬南宦游。父殁，盡挾其小瑯環書屋所儲書數萬卷，渡江而南，奇陳元

暎詩文渡曹娥江訪之遇於逆旅遂偕之虞家焉一日其父友遺蒼頭以千金及少妾爲託廣業讀札畢曰千金小事也所難少妾耳中夜心商比曉乃定手書付蒼頭後五年父友遣前所遣者來曰願以千金爲壽郎還少妾廣業笑而啓關請少妾出發牀下千金自若蓋少妾卧室已扃鑰五年諸飲食牏厠之事皆其妻任之至是始啓以金與少妾付蒼頭去明季多聲氣之學復幾諸社唱和率數千百人廣業所交如紀伯業譚佐羽皆枯槁寂寞之士嘗慨涵史名山藏諸書未詳備推廣搜益自成一書多至五百

餘卷詩力追唐音大歷以後束庋不觀所著詩文集多散佚子玉儉孫漢倬別有傳據胡如瀛韓桃平先生傳重纂○案廣業舊入文苑今正

何治仁字文治山陰人少志濂洛之學天性孝友樂施予居父母喪七日水漿不入口三年不茹葷生平口未嘗道人短手未嘗釋卷著史衡太平金鑑易解鑄閣草消病集囈吟逸編領歲薦卽絕意仕進或勸之笑不答樂古虞西里山溪之勝挈妻子家焉學者稱爲靖菴先生子嘉祐李府志

國朝

何嘉祐字子受治仁子生而秀挺工文字方國安潰兵東掠嘉祐奉父以避追及刃揮其父嘉祐承以膊號而求代俱得免遂僑居上虞父病再刲股順治丁酉舉順天副榜授江西奉新知縣自金聲桓後亂者相踵嘉祐度險易分建四部鈎連屯陣縣界遂安抑豪右清占田招流亡給牛種不一二年戶口殷集丙午旱饑出俸貲以賑全活萬計又相土宜購良種樹桑麻桐漆栽溉皆著成書刊示鄉遠仍立法董勸漸成富饒故例民漕輸縣倉由縣解省奉十二都近省遠縣因令里各置倉徑解省民大利擢戶部主

事白尚書免江南民欠百餘萬陞員外郎督蕪湖關晉郎中改湖廣道御史巡視河東鹺政卒官邵廷采思復堂集

案舊志寓賢傳周有范蠡漢有梅福唐有賀知章今攷吳越春秋史記漢書及新舊唐書均無三人寓虞事舊志牽引攀附都無可據概從刊落用方志雜采異說例但載其事於陶朱廟梅仙井及賀溪橋後餘凡或增或刪詳見各傳下

補遺

明

邱鐸字文振祥符人御史中丞劉基弟子元至正末父誠爲湖廣儒學提舉鐸侍母馬留越二浙驛騷鐸避地四明

已而其父至自武昌父子相見悲喜交集鐸賣藥市中以給親無何母弟鈞擢會稽上虞巡檢鐸與父母同赴官母疾鐸晝夜泣禱於神乞以身代及歿哀痛幾絶卜葬鳳鳴山之原哭曰鐸生也咫尺不離吾母膝下今逝矣又委體魄於無人之墟乎乃結廬墓側朝夕上食如生時當寒夜月黑悲風蕭颼鐸恐母岑寂輒巡墓號曰鐸在斯鐸在斯其地多虎聞鐸哭聲輒避去故會稽人異之稱爲眞孝子續藏書孝義名臣邱鐸傳

李長祥字研齋四川達州人崇禎癸未選庶常已而北都

闌當作蘭

亾南中又潰起兵浙東魯王監國加右僉都御史督師西行而七條沙之師又潰王浮海長祥以餘衆結寨上虞之東山時浙東諸寨林立監軍華夏請引翁洲之兵連大闌諸寨以西向奉長祥爲盟主刻期將集鄞謝三賓告之大兵急攻東山前軍章有功驍射善戰被擒不屈死於是浙東諸村落奉檄有得長祥者受上賞長祥匿丐人舟中入紹興城中居數日事益急遁至奉化依平西伯王朝先時長祥寄孥上虞之趙氏寨潰相傳長祥已殪夫人黃氏聚其家人謀共死有僕婦曰文鴛夫人姊也曰夫人當爲公

子討以延李氏香火願以婢子代夫人鳳吾女代公子俟死於此夫人泣曰安忍使汝代我死曰小不忍最害事速驅之有羅吉甫者游長祥門下至是奔至曰夫人公子我則任之於是夫人抱其子畝拜吉甫且拜文鸞甫出門捕者至以文鸞去吉甫既匿夫人知朝先長祥姻也以夫人母子往長祥已先在相見慟哭已而翁洲衞張名振襲殺朝先長祥僅而免辛卯翁洲又潰長祥亾命江淮間徧歷宣府大同復南下百粵與屈大原處久之天下大定始居毘陵讀書臺以老焉據鮚埼亭集外編及李研齋行狀

上虞縣志卷十七

上虞縣志卷十八

輿地志

分野

古來志星分者無慮十家大較上虞分野屆牛女間今之紹興非昔之會稽隸止八邑疆域不及古十之一而上虞又僅居紹興八之一所分星度能有幾也乃知吳越災祥不當分視卽風氣雲物宜以一郡通占萬歷志

唐天文志載僧一行之論凡分野不以星之南北分地之南北也視雲漢貫注得其精氣之所至耳南斗在雲漢

下流故當淮海間爲吳分野牽牛去南河星名凡三星在井宿東南寖遠故自豫章至會稽南逾嶺徼爲越分野明劉基清類分野書以僧一行所論十二篇繫於其首而編次紹興府爲牛女分野分野有節目以二十八宿分之今紹興卽古越地自唐宋元明以來俱占牛女其應如響間有私心穿鑿割某度爲會稽某度爲上虞者與雲漢貫注之說大爲悖戾象緯家知之儒者多不知或問紹興府既占牛又何以占女曰郡境之陽宜占牛其陰負海皆占女會稽縣志本王德邁論

女三度紹興府上虞嵊縣新昌入四分之六內緯秘言

嘉慶志云舊志援引分野羣說連篇累牘細按之非古越分野即古會稽郡分野置之紹郡志中尚嫌膚泛況虞志乎故刪節之以省繁文

疆域

縣在府治東一百二十里東西廣五十三里舊浙江通志南北袤一百三十里萬歷志○案舊浙江通志南北袤一百一十里與下南北兩界併合不符

東二十三里至清賢嶺餘姚縣界新纂○案舊府志萬歷志所載四至八到方里多未核謹詳辨於後

東北二十二里至孫郎橋橋石鑴云姚江西界第一橋餘姚縣界新纂

東南四十五里至錢庫嶺餘姚縣界新纂

南七十里至覆卮山嵊縣界新纂

西南六十五里至三界市會稽縣嵊縣界新纂

西三十里至曹娥江西岸會稽縣界王氏備稿

西北七十里至黄家堰堰外爲舜江隔江爲會稽縣界新纂

北六十里抵海舊府志 海北爲海鹽縣界萬曆志

案縣境自唐中葉徙治今所從無贏縮舊志所載疆域除北界外多未核實如府志東二十里至通明壩今壩距縣東僅五里壩下縣境尚二十許里萬曆志東二十八里至新橋橋在縣東北十五里越橋而東縣境尚七八里此東界之未核實也府志東北二十里至新壩新壩不詳所指如云新通明壩壩東北下縣境尚十餘里

如云下壩已屬餘姚並非縣境此東北界之未核實也府志東南四十五里至白道猷嶺嶺於縣爲南嶺外爲縣十五十九等都縣境所轄非止於此此東南界之未核實也府志南一百三十里至覆卮山山去縣無百三十里萬歷志南七十里至郁嶺石牀舖郁嶺卽郁樹嶺雖亦虞嵊界而於縣爲南之西此南界之未核實也府志西南九十里至東騎山今山屬嵊縣去縣境已遠此西南界之未核實也府志西三十里至曹娥江中流今江西岸曹娥廟南上立有界碑鐫云會稽上虞界此西界之未盡核實也西北之界府志萬歷志皆云黃家堰是矣而以今道里准之亦猶未合謹據各鄉采訪刊正如右

萬歷志徐待聘曰虞邑提封百里非隘也然計境內區域大半爲巉巗沮洳之場膏腴幾何所賴俗故儉樸不見異物而遷焉有田一坵有屋一廛斤斤晝壤而守之可以累傳無失彼錐立無地者卽欲胼胝謀朝夕而弗克自給則勢不能不游食於工賈殘臘膢歸以資俯仰歲朝又裹糧行矣夫甯獨無家人父子之情也嗟乎疆

域爲民設也疆域而不得有其民卽廣狹何論焉是在長民者軫念之而已

形勝

東山巋然出衆峯間如鸞飛鳳舞方輿覽勝

百樓五癸對峙後先玉帶金罍環揖左右正統志

左舜江右姚江南帶溪北負海河横厥中亘三十里山則百樓拱前五癸峙後羣峯蜿蜒自西而東周遭矗矗若雉堞然於越新編

舜封舊壤延袤百里襟帶長江面山負海金罍檀燕仙人之都居釣臺東山名賢之故宅湖光練明海岸雪白誠

越邑之巨麗也府志引上虞縣舊志

二樓屏列於南東西百樓五癸周環於北左右有姚江舜江之流前後有玉帶金罍之秀縱覽四郊山水吞吐高深掩映居然大觀誠他邑之鮮儷者也萬歷志

萬歷志曰邑治舊在百官濱江蕞爾其蹊躪於孫寇無足怪者然不知今治之在當時豈盡町畽之場耶漢永建間會稽守周嘉請分南鄉爲始甯縣蓋慮其地曠遠而鮮制馭故立治以爲之掎角耳余以所聞晉謝靈運嘗率家僮數百人自南山伐木開徑直抵臨海太守驚謂山賊趙宋時倭奴突至上山鄉土人柵木以禦之不能破今謂之寨嶺則南鄉如三界宜有備也宋亡張世傑舟覆於海其潰卒闌入焚掠廨宇元末方寇據有明州截姚江以西拒屯扎於通明堰先是虞城止一里乃借此增築至十三里則姚江不足爲我屏障東鄉宜有

備也我朝嘉靖乙卯島夷三至城下兩從餘姚篠嶺而入則東南鄉宜有備也北自袁嵩築扈以拒孫恩之後幸久無事所以湯信國撤虞城而城臨山者亦袁扈之遺意又於沿江一帶設巡檢司如廟山黃家堰等處以與臨山爲聲援是北以西之江鄉宜有備也虞固非必爭之險而環顧四郊無可倚恃脫不幸饑荒洊仍災厲間作一旦盜乘其隙豈得令閭舍之弱民安枕臥乎故當內練丁壯外謹烽堠晝令村隘以譏察夜嚴街鼓以巡警防守固而禦備周庶乎潛杜不逞者之狂心而可以應卒此爲眞形勝也若夫登眺遊汎豔騷墨而侈罍洗則太平之景象所云虞人家常已矣

坊都 附村鎮行市

隋以前不可考唐十道圖縣各有鄉有里然其廢興沿革亦靡得而記焉

宋熙甯三年行保甲法始置都領於鄉本縣置一十四鄉分領二十四都改里曰保領於都多寡不同或一鄉領數都亦有一都分屬兩鄉者娥眉鄉以山名領一都十保二都一保永豐鄉領二都九保三都六保半四都九保鎮都四保甯遠鄉領四都一保五都十保六都十保七都二保新興鄉領七都八保八都九保孝義鄉領九都十保十都二保八都一保上虞鄉以舊治所在名領十都八保三都三保半載初鄉領十一都十一保葛仙鄉以葛元墓名領十二都十保景隆鄉領十三都九保十四都七保上

山鄉領十四都三保十五都十保十六都九保寶泉鄉以寺名領十六都二保十七都十保十八都十保下管鄉府志爲瑞像巖雛下鄉以寺名領十九都十保二十都八保十八都一保上管鄉府志爲瑞像上鄉領二十都二保二十一都十保二十二都六保始甯鄉以舊始甯縣名領二十二都四保二十三都十保是時附治之地亦屬都故無坊元豐八年廢都保置附治地爲十三坊尙德尊賢照僻跕位崇義恤孤純孝好學屬文務農廉貢思仁重義習古郭外仍以鄉統里娥眉鄉領里二蘿巖趡鏡泉謝○案王氏備稿等慈寺石塔題名記有大宋國紹興府上虞縣□□□鏡泉里居住云云某鄉字已泐而鏡泉里無可考蓋不

知今娥眉鄉有以鏡泉名里者）永豐鄉領里三玉祥（舊志）鎮山游泰（元陳栝水利本末）甯遠鄉領里三夏蓋（舊志）昭德紫微（元陳栝水利本末）新興鄉領里三纂風（舊志）西岑洋浦（元陳栝水利本末）孝義鄉領里三嵩城（舊志）孜浦殷宅（元陳栝水利本末）上虞鄉領里二蘭芎（舊志）姚墟（元陳栝水利本末）載初鄉領里一集浦葛仙鄉領里一蔡碑景隆鄉領里一常管上山鄉領里一南寶寶泉鄉領里一夏湖下管鄉領里一新安上管鄉領里二孝義（舊志）鳳林（采訪）始甯鄉領里五通明（舊志）良安雲溪長豐孝婦（采訪）

案宋時以鄉統里所領不一府志載七屬之鄉領里有多至十六者如蕭山縣鳳儀鄉是也最少亦二三里而我虞獨不然蓋府志本於縣志萬歷志載一鄉所領僅標一里是其闕畧譌據記載采訪所及畧增補之餘俟

考焉

元時縣各置隅城內四隅東隅南隅西隅北隅共領圖七不隸於縣置錄事司掌之坊名仍舊惟好學改爲金罍末年坊多燬鄉改爲都里改爲圖

明初罷錄事司以四隅還縣縣令趙允文復置坊而更其名照位曰宣化崇義曰正俗恤孤曰阜民純孝曰孝聞習古曰節孝思仁曰忠諫務農曰務本廉賈曰豐惠重義曰閱武惟金罍尙德尊賢屬文無改後增置一坊曰澄清合一十四坊都仍舊圖復爲里後更定爲九坊亦名九巷每巷設總甲一人即本土人爲之曰宣化坊在縣前曰正俗坊由縣前至西城曰大忠坊即阜民坊曰忠諫坊在新街口以宋劉忠公居此因名曰

孝聞坊由新街口至北城五坊在運河北曰金罍坊由通濟橋至西南城曰西南坊卽金罍坊分出近通澤門曰尊賢坊在東城曰節孝坊在南城以宋趙艮坦　九坊殉國其子友直痛父哀慕故名四坊在運河南

領里十都凡二十有四第一都第二都俱領里六第三都領里十第四都領里三第五都第六都俱領里五第七都領里二第八都領里八第九都領里九案舊志脫八第九都領里六字今從府志訂補第十都領里十四第十一都領里四第十二都領里五第十三都領里三第十四都領里五第十五都領里四第十六都領里二第十七都第十八都第十九都俱領里三第二十都領里四第二十一都領里

六第二十二都領里十第二十三都領里十四鎮都領
里二合一百四十六里編年各十其見年應役者在坊
曰坊長在里曰里長
國朝康熙十三年三藩之變坊長承值軍需甚苦奉文禁
革改坊都爲城都改里爲圖城外二十五都案所增曰恩都領
圖案圖或爲里多寡仍明制而稍有增損計編戶一百四十
二里賦役全書原設版圖一百三十三圖雍正七年改
甲爲順莊凡三百九十九莊已上萬歷志乾隆府志

村鎮行市

夾塘　鋪前　湖壟頭　任村　何孟村　張宋村　碑牌頭　大池頭　上木橋　下木橋　洞橋頭　方家泊　新通明　梁皇廟上　鄭監山　祖一房　蘿巖山下　童貫嶴　俞家壩　葛家壩　戴巷畈　謝家橋　管塘下　上下徐　馮單　下單　馬葉村　安家渡以上一都

孝聞嶺　馮家　徐家　應家　任家　杭家　楊家溪　黄倪巖　孫家搭　劉家　橫塘廟　徐家嶴　趙嶴　倪嶴　嶺下王　鄭嶴　上嶴　大嶴　西徐嶴

王家埠　趙埠　馬慢橋　華家嶺　沈家　賈家

曾家眺　茅家溪　經家灣以上二都

驛亭　石堰　西陡亹　南湖　羊山　匾墩　峧裏

胡家嶴　王郎嶴　董家山　跳頭　嶺南　小越

東羅　西羅　辟巷橋　朱家灘　趙杭橋　石家

田家　阜角堰　王牌嶴　孔家嶴　山南　前後鄭

陸部嶴　顧家　石板衕　隔溪　史家橋　大山

下以上三都

橫山　倪梁曹徐　山後陳　陸家　章戴　楊梁胡堰

黃家畈　西谷畈　五車堰　閘頭　大通橋　柯山

河清口　黃家堰　馮家山以上四都

城見司　茹家　宋家　龍圖王家　謝家塘　堰頭

胡閘　施趙成　河口　火燒場王家　顧家　沈家

東橋頭　方村　裏外橫港　賈家　小章家　岑

倉堰　烏盆　浦前　夏蓋山　張陳　東河沿　西

河沿　灣塘頭以上五都

金馮劉　寺前　退塘畈　分金橋　思湖　東西橫港

五龍　前莊　鵲子今作雀嘴　槎浦　塘下　鍾宋以上六都

踏浦　前桑　潭頭　車頭灣　塗頭　滁澤橋　橫河

花弓　前朱　纂風　南匯　瀝海所以上七都

蔡林　江口　凌湖　楊家橋　前後郭瀆　五义港

後岸　埩頭　孫家渡　賀家埠　譚村　塘灣　後

朱以上八都

丁家埠　上湖頭　下湖頭　嚴巷　唐家橋　張湖

崧鎮　潘韓　章陸　裴厝　東華　西華　呂家埠

郎雁步　趙村以上九都

華渡橋　前龔　後龔　蔡嶴　漁疊　蔡山頭　屈家

堡　王家堡　湖塘下　潘家陡　寺前　曹坊　黎
嶴　周嶴　柴嶴　陳射虎嶴　朱家堡　項家堡
曹家堡　倪家堡　後張　前張　裏梁湖　西山下
外梁湖　古里巷　隱嶺　裏外巖　孫家埠　馬
家埠　章嶴　金家嶴　百官　梁家山　新建　後
郭　前江　葉家埭　湖田　施家堰以上十都
蒿山　蒿壩　拗花山　荻圻　任村　南穴　花浦
杜浦　漳汀　梅塢以上十一都
濿浦　石井　蔆湖　新窰　夏家埠　方衖　橫汀

董家山　姥山　上埠　甲仗　虹漾　玩石　梁嶴

方嶴　大善　大山　崑崙　陶嶴　上浦以上十二都

浦口　鄭村　俞村　傅村　石塘　瀦湖　王家匯

大湖嶴　花墅以上十三都

章家埠　宋家浦　馬村　箭橋　赤雁　沈家埠半屬會稽

林嶴　湖頂　葉村　中村　朱陵橋　隔山　錢村

灣頭　江沿　下市頭以上十四都

龔嶴　魏家庄　盛家衕　清潭　丁家嶺　魏村　諸

里嶴　楝樹下　石窗　丁家嶴　平岡　正頂山

東澄　梁宅　椿村　下灣　西李　下許　王家畈
漳頭　雅莊嶴　許嶴　田家山　裏外蔣山　油
竹坪　白龍潭　懸巖　逕路　煮煉　上蘇　蘆村
馬家村　阮莊　朱村以上十五都
南堡　牛步　周嶴　須宅　趙宅　蔡宅　石溪　半
山以上十六都
俞傳村　韓宅　葉橋　任村　呂宅　新宅　季嶴
張村　塔莊　陳家庫　陳墩　枚山　河頭　鮑嶴
張嶴　管村　主山以上十七都

丁宅街　楊婆橋　下沙地　橫塘　西莊　鄭嶴　酉
山下　東山下　下徐　乾溪　謝嶴　上下埠　關
山以上十八都
許岸　上莊　洙溪嶴　鳳洞樹　張家嶺　王村　石
沸　門陡　乾溪廟　大元嶴　陳家嶴　太平山
下嶺　糜家衕　生畈　鳳儀衕頭　桑鎮　孫溪
劉家湖　舊宅　深灣嶢　嶺下　徐家搭　黑龍潭
隱地　天平山　虹橋　珍坑　下徐　陳溪口
戴家畈　許郎嶴　潘宅　背向　石橋頭　上倪

小陳嶴　湖田　糜家山　夏家嶴以上十九都

錢溪　燕窠　徐邵灣　童郭　大嶺　汪家橋　唐衕　石彈下　下管　廟下　東西李溪　大石埠　沙墩　郭家衕　阮家湖　溪南　大齊嶴　廟灣　缸窰　趙嶴　任家溪　横笆衕　大田　笆衕　谷嶺　象田寺　東嶺以上二十都

蒲灣　王家埠橋　鄭家堡　竺郎畈　裏外南嶴　甑底山　半湖　何家嶴　周家巖　紙坊　雙溪橋　梅家嶴　西溪　東溪　杜溪　上舍嶺　向盧村

上山頭以上二十一都

高道地　東河沿　孟宅頭　老通明　花園畈　朱村

車畈　下王畈　仙姑洞　應嶴　瓦窰頭　董家

嶴　任嶴　麻嶴以上二十二都

湯橋　東山　高墩　朱巷　包郗　杜家　余巷　孫

家閘　姚郗　西園　呂家橋　四明港口　石溪橋

丁程郗　萬家　徐郗　大陡畈　永和市　横山

萬嶴　剡嶴　張家汊　項家　邵家池　潤滋湖

八字橋　箭山　後陳　横路　建峒西嶴　建峒

東皋以上二十三都

五夫鎮都

右村村不止此錄其較著者○新纂

五夫鎮在縣北三十里今廢嘉泰會稽志

纂風鎮在縣西北七十里今廢嘉泰會稽志

右鎮案今凡市廛稠密處往往稱鎮而嵩城章家埠小越百官梁湖爲最著○新纂

米行各鎮俱有而聚於豐惠橋之南北萬歷志

鹽行在新通明堰亦有土民領官票而賣者謂之鹽戶萬歷志今廢備稿

杉木行在孟宅閘上河萬歷志

柴市在百雲門及通澤門萬歷志

炭市在豐惠橋上至街南竹樹及販在百雲門外萬歷志

布帛絲綿市在儒學前萬歷志

魚鮮蔬果穕貨市自雙節坊經儒學前大忠坊口萬歷志

鵞鴨雞市舊在新街口西至浴堂橋今移入街口萬歷志

羊市在楊橋巷口稍東萬歷志今廢新纂

猪市舊在等慈寺前九獅橋上今移西門外城下小猪市在務前皆單日萬歷志

牛市在東門外河南岸西自採春橋東盡明德觀橋以三六九日爲期各縣多有就者其牙率皆市魁每一牛則四五八叢最至作隱語以愚交易者如一兩則曰汪僧一錢則曰拗子之類萬歷志今廢地猶稱牛場衕新纂

磚瓦市皆在十都居民以船載至學前河下亦單日萬歷志○備稿云今城中以單日爲市期行戶市牙隨人地遷移興廢不常尋常食用貨物大率以豐惠橋爲聚集之所穀米豆麥以八字橋下南門街東門外三處爲最盛

縣市在縣東二百十步豐惠橋邊萬歷府志有隨時作市者如春筍在南門外沙塍上春夏間桑葉在南門內洞橋邊

秋冬間芋在南門外沙塍上綿花紵蔴俱在南門內新穀俱在東門內外鄉人負擔而至米行人以筐筥盛之爲之准銀穀以貿其升斗米則四時皆然萬曆志

梁湖市在縣西三十里萬曆志

百官市在縣西北四十里萬曆志

嵩城市在縣西北六十里萬曆志

小越市在縣東北四十里萬曆志

橫山市在縣北四十里萬曆志

五夫市在縣北四十里萬曆志

五車堰市在縣北四十五里萬曆志
夏湖溪市在縣南二十里萬曆志○案即丁宅街市
下管市在縣南三十里萬曆志
南寶市在縣南四十里廢萬曆志
章家埠市在縣西南四十里萬曆志
三界市在縣西南六十里上虞會稽嵊三縣之界三六九日爲期萬曆志
上浦市在縣西南四十里萬曆志
謝家橋市在縣東十里嘉慶志

永和市在縣東十五里嘉慶志

橫塘廟市在縣北二十里嘉慶志

蒿壩市在縣西南四十里嘉慶志

夾塘市在縣東北十五里備稿

章陸市在縣西五十里備稿

西華市在縣西五十五里備稿

謝家塘市在縣北五十里備稿

瀝海所市在縣西八十里新纂

萬歷志曰民生日用百物需焉夫誰皆取諸宮中貿易有無自古然矣彼列肆而居負販而趨者亡論若行則

聚貨每日爲常市則鬻貨期日以會余於行市而觀虞風有以知其俗之樸而民之貧也以食則止於米鹽蔬鱻而無珍饈以衣則止於麻縷絲絮而無紈綺以用則止於薪炭竹木筥箕甕盎之類而無奇巧所謂樸且貧者是不可概見耶且窮鄙之民早夜孜孜胼胝不得休暇採於山則有餘蘇耕於野則有餘粟以至牲畜之卵胎而生絣澼絖與灑削之所扢力而成者一旦有急須則側肩喘汗而踵市門計獲錙銖以濟燃眉而龍斷者規其盈駔儈者幻其智十不得七而錢且入手盡矣乃又有狡而挾貲者拾計倪白圭之餘算矚所必用之物乘其緩以儲之時値騰踊售其濫惡鄉民有可欺者脫復貨之不滿識者一笑甚則有以贋物僞鏹互相眩弄茲行市之大較也嗟嗟剖斗折衡而不爭其風邈矣茲欲平物價而禁民欺其在復古之司市乎

右行市

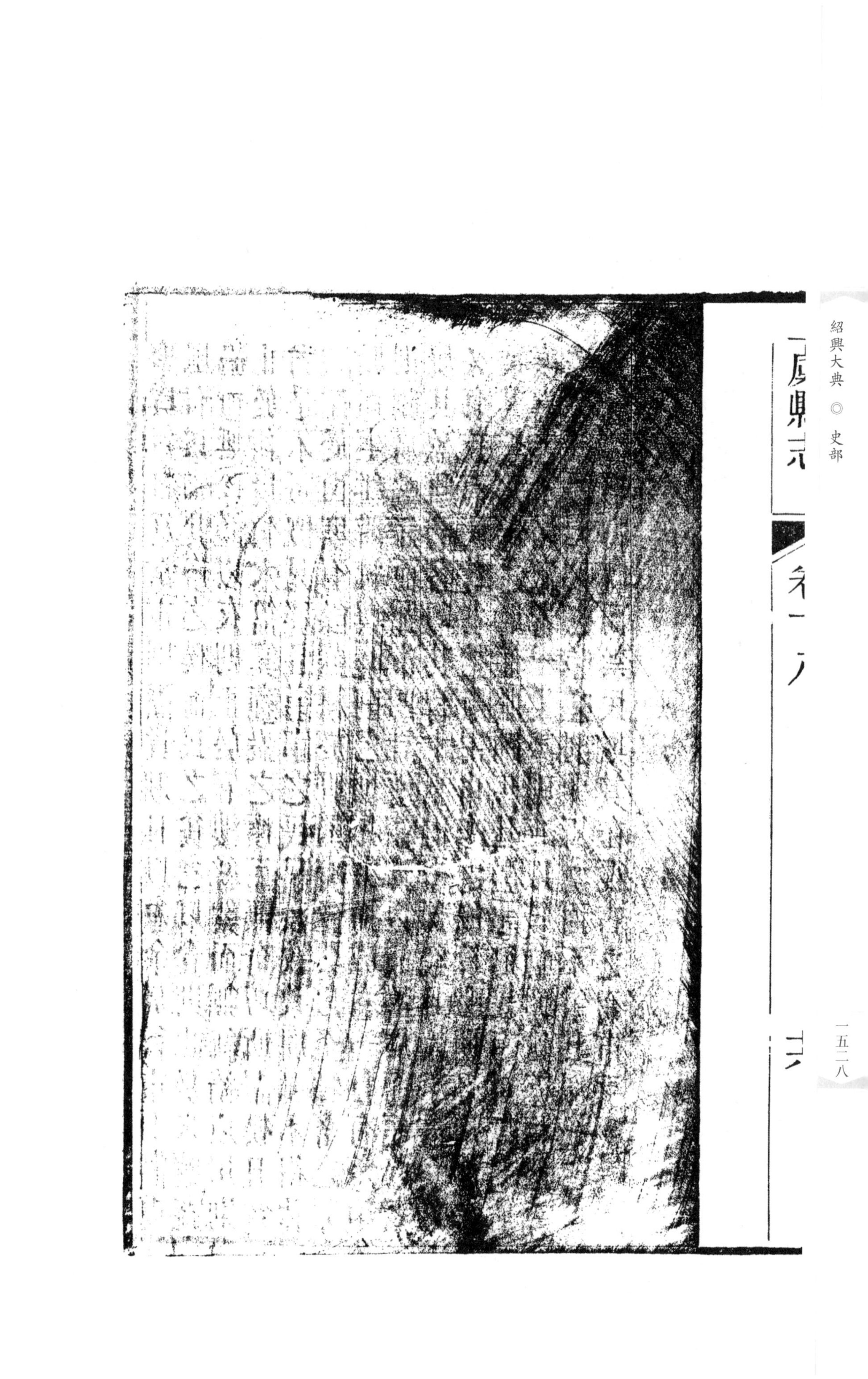